LE RÉGIME CARNIVORE ULTIME POUR LES DÉBUTANTS

100 RECETTES DÉLICIEUSES POUR RÉCUPÉRER VOTRE SANTÉ, VOTRE FORCE ET VOTRE VITALITÉ

CAMILLE ABRAHAM

© COPYRIGHT 2022 TOUS DROITS RÉSERVÉS

Ce document vise à fournir des informations exactes et fiables sur le sujet et la problématique abordés. La publication est vendue avec l'idée que l'éditeur n'est pas tenu de rendre des services comptables, officiellement autorisés ou autrement qualifiés. Si des conseils juridiques ou professionnels sont nécessaires, une personne ayant exercé la profession doit être mandatée.

Il n'est en aucun cas légal de reproduire, dupliquer ou transmettre toute partie de ce document sous forme électronique ou imprimée. L'enregistrement de cette publication est strictement interdit et tout stockage de ce document n'est autorisé qu'avec l'autorisation écrite de l'éditeur. Tous les droits sont réservés.

Avertissement de non-responsabilité, les informations contenues dans ce livre sont véridiques et complètes au meilleur de notre connaissance. Toute recommandation est faite sans garantie de la part de l'auteur ou de l'édition de l'histoire. L'auteur et l'éditeur déclinent toute responsabilité quant à l'utilisation de ces informations

Table des matières

- DU BOEUF 9
  - 1. Boeuf rôti à la broche 9
  - 2. Salade de boeuf épicée aux noix 11
  - 3. Salade de bœuf de Styrie 13
  - 4. Ragoût de boeuf asiatique 15
  - 5. bouillon de boeuf 17
  - 6. Boulettes de viande frites 19
  - 7. Récif et Boeuf 21
  - 8. Steak de boeuf grillé 24
  - 9. Rôti de boeuf grillé 26
  - 10. Steaks hachés 28
- LA VOLAILLE 30
  - 11. Poulet rôti croustillant 30
  - 12. Chop Suey au poulet 32
  - 13. Poulet au piment indien 34
  - 14. Diavolo de poitrine de poulet 36
  - 15. poulet farci 38
  - 16. Foies de poulet yiddish 41
  - 17. Poulet Styrien au four 43
  - 18. Poulet aux champignons 45
  - 19. Poitrine de poulet farcie aux herbes 47
  - 20. Dinde aux champignons dans une sauce au vin 49
- PORC 51

21. Filet de porc à la crème sure 51

22. Médaillons de porc au gorgonzola 53

23. Filet de porc grillé 55

24. Côtes levées jamaïcaines 57

25. Escalopes de porcs fermiers au barbecue 59

26. Marinade barbecue 61

27. Côtes levées BBQ 63

28. Porc aigre-doux 65

29. Brochettes de porc satay 68

30. Poitrine de porc bouillie 71

POISSON ET FRUITS DE MER 73

31. Anchois grillés 73

32. Saucisse de poisson 75

33. Poisson sur un bâton 78

34. Thon au miel et sauce soja 80

35. Saumon grillé 82

36. Curry de pêche et poisson du cuiseur vapeur 84

37. Roulade de chou au poisson 86

38. Tarte à la truite saumonée du cuiseur vapeur 88

39. Galettes de poisson aux herbes du jardin 90

40. Soupe de poisson grecque (Kakavia) 92

SALADE 94

41. Salade avec lanières de poitrine de dinde 94

42. Salade au fromage de brebis grillé 96

43. Salade de dinde fruitée 98
44. Fromage émincé et galettes de viande 100
45. Brochettes de satay au tofu 102
46. Steak grillé 104
47. Brochettes de poulet au curry de la friteuse à air chaud 106
48. Brochettes de crevettes sur salades de feuilles 108
49. Burger grillé 110
50. Langoustines frites 112
51. Boulettes de poisson 114
52. Plat de boulettes de viande 115
53. Ragoût de poulet au chou-rave 117
54. Poitrine de dinde sur riz au curry 119
55. Brochettes de poulet au curry de la friteuse à air chaud 121
56. Brochettes de poulet 123
57. Rôti de dinde marinée 125
58. Galettes de viande 127
59. Boulettes de viande 129
60. Ragoût de boeuf bouilli aux haricots verts 131
61. Boeuf braisé à la sauce au vin rouge 133
62. Poulet au citron et aux asperges 136
63. Wrap au poulet avec sauce aux arachides et noix de coco 139
64. Curry de poulet aux poivrons et courgettes 142

65. Salade de poulet et courgettes aux noix 144
66. Salade de lentilles et poulet à la roquette 147
67. Salade de poulet à la vietnamienne 150
68. Poulet et épinards pilaf avec yaourt 152
69. Rouleaux de poulet Jarlsberg 155
70. Poulet rôti croustillant 156
71. Kale avec porc fumé et pommes de terre frites 158
72. Filet de porc enrobé de bacon 161
73. Salade cobb asiatique 163
74. Oeufs Brouillés Au Saumon Fumé 165
75. Moules à muffins aux œufs Caprese 167
76. Pain croustillant avec tartinade aux œufs et à l'avocat . 169
77. Petites crêpes à la ricotta, œuf et jambon 172
78. Oeufs brouillés au saumon 175
79. Oeuf de bol de smoothie vert 177
80. Soupe froide de betteraves aux œufs 180
81. Pilaf d'oignons aux œufs au plat 182
82. Aubergines aux graines de grenade 185
83. Oeuf à la truffe 187
84. Quinoa Kale au saumon 188
85. Tartare de Saumon Fumé 191
86. Saumon au fenouil et à l'orange de la friteuse à air 193
87. Rouleaux de crêpes au saumon 195
88. Saumon En Croûte De Citron 196

89. Saumon En Croûte De Pistache 198
90. Brochettes de saumon fougueux 200
91. Saumon orange avec riz aux noix 203
92. Crêpes farcies au saumon 205
93. Saumon avec salsa aux herbes et noix 207
94. Gâteau au fromage à base de biscuits 209
95. Barres Chocolat Noix 211
96. Gâteau à la crème de noix de coco à base de chocolat . 213
97. Gâteau aux fruits au chocolat 216
98. Chocolat chaud sain 218
99. Pudding au chocolat au caramel 220
100. Salade d'asperges frisées 222
CONCLUSION 225

DU BOEUF

1. Boeuf rôti à la broche

Ingrédients

- 200-250 g de bœuf (maigre)
- 100-120 g d'oignon vert
- huile d'olive
- 1 cuillère à soupe de sucre
- 2 cuillères à soupe de vin blanc
- 2 cuillères à soupe de sauce soja
- 2 oignons nouveaux (gros)
- 3 orteil(s) d'ail
- 1 cuillère à soupe de graines de sésame (grillées)

- 2 cuillères à soupe d'huile de sésame

préparation

1. Pour le bœuf en brochette, coupez la viande maigre en tranches de 1/2 cm d'épaisseur.
2. Pour faciliter la cuisson, coupez les tranches de viande sur quelques mm de profondeur puis coupez la viande en lanières d'env. 7-8 cm de long et 2 cm de large.
3. Nettoyez les oignons nouveaux et coupez-les en morceaux un peu plus courts que le bœuf.
4. Faire mariner le bœuf avec la sauce aux épices et laisser reposer un moment.
5. Disposer les morceaux de bœuf marinés et d'oignons en alternance sur les brochettes et verser à nouveau le reste de sauce piquante sur les brochettes.
6. Placez les brochettes dans une poêle huilée et chaude et faites bien revenir les deux côtés de la viande. Servir le bœuf fini rôti sur une brochette.

2. Salade de boeuf épicée aux noix

Ingrédients

Pour la viande :
- 400g de filet de boeuf
- 2 cuillères à soupe de poivre
- 1 cuillère à café d'assaisonnement aux cinq épices (de la boutique asiatique)
- 1 cuillère à soupe d'huile végétale

Pour le pansement :
- 1 cuillère à soupe de sucre roux
- 60 ml de jus de citron vert
- 60 ml de sauce de poisson
- 1 gousse(s) de piment (rouge)

Pour la salade:
- 100g de nouilles Hokkien
- 150 g de légumes asiatiques (mixtes)

- 4 gousse(s) d'ail

préparation

1. Pour la salade de bœuf épicée aux noix, préchauffez le four à 200 degrés.
2. Séchez le bœuf avec un torchon. Mélangez le poivre et l'assaisonnement aux cinq épices et roulez le bœuf dedans. Faire chauffer l'huile dans une poêle et saisir le bœuf de tous les côtés. Continuer la cuisson au four pendant 6 minutes. Réserver et laisser reposer.
3. Pour la vinaigrette, mélanger le sucre, le jus de citron vert, la sauce de poisson et le piment finement haché dans un autre récipient.
4. Préparez les nouilles Hokkien selon les instructions sur l'emballage. Répartir sur quatre bols de service.
5. Préparez les légumes asiatiques, hachez finement l'ail et mélangez. Disposez les légumes sur les pâtes.
6. Coupez le bœuf en fines tranches et étalez-le sur les légumes.
7. Versez la vinaigrette dessus, saupoudrez de noix et de craquelins de crevettes et servez.

3. Salade de bœuf de Styrie

Ingrédients

- 300 g de boeuf (cuit)
- 500 g de haricots Steirerkraft (de la boîte)
- 4 œufs (cuits durs)
- 1 oignon (gros)
- sel
- Poivre (noir)
- 50 ml d'huile de graines de citrouille de Styrie Steirerkraft
- 3 cuillères à soupe de vinaigre balsamique (ou vinaigre de cidre)

préparation

1. Couper le bœuf d'abord en tranches puis en lanières. Épluchez les oignons et coupez-les en fins morceaux. Mettez le tout avec les haricots de scarabée dans un bol et mélangez bien. Bien assaisonner avec le vinaigre, l'huile de pépins de courge, le sel et le poivre et laisser mariner. Éplucher et couper les œufs durs en huit.

4. Ragoût de boeuf asiatique

Ingrédients

- 1500 g de rumsteck de boeuf
- 2 oignons
- 1 morceau de gingembre (de la taille d'une vignette)
- 1 piment
- un peu de ghee (beurre clarifié)
- 30 grammes de farine
- 2-3 cuillères à soupe de curry en poudre
- 500 ml de bouillon de boeuf
- un peu de sauce de poisson
- 1/2 botte de ciboulette
- sel
- Poivre (du moulin)

préparation

1. Pour le ragoût de bœuf asiatique, épluchez d'abord et hachez finement un oignon et du gingembre. Hacher finement le piment (retirer les noyaux au préalable pour moins de chaleur). Nettoyez le boeuf et coupez-le en cubes. Assaisonnez avec du sel et du poivre.
2. Faites chauffer le ghee dans une casserole et faites-y revenir l'oignon, le piment et le gingembre. Ajouter le boeuf et faire revenir. Saupoudrer de farine, puis ajouter la poudre de curry et poursuivre la friture brièvement. Verser sur le bouillon de boeuf et ajouter un peu de sauce de poisson. Laisser mijoter jusqu'à ce que le bœuf soit tendre mais ne se défasse pas.
3. Pendant ce temps, épluchez l'autre oignon et coupez-le en lamelles. Coupez la ciboulette en rouleaux plus longs.
4. Remplissez le ragoût de bœuf asiatique dans des bols et servez parsemé d'oignons et de ciboulette.

5. bouillon de boeuf

Ingrédients

- 800 g d'os de boeuf
- 400 g de boeuf
- 50 g de foie de bœuf (au goût)
- Poivres
- Noix de muscade
- Piment de la Jamaïque (nouvelle épice)
- 1 feuille de laurier
- Noix de muscade
- livèche
- 1 gousse(s) d'ail
- sel
- 250 g de légumes racines (carottes, céleri, persil racine)
- 1 oignon

- 100g de poireaux
- Tiges de persil

préparation

1. Blanchir brièvement (échauder) les os de bœuf dans de l'eau chaude, rincer à l'eau froide et placer dans environ 3 litres d'eau froide. (De cette façon, les saveurs peuvent bien bouillir.)
2. Porter à ébullition et écumer de temps en temps pour enlever la matière trouble.
3. Ajouter le bœuf et le foie et cuire au total env. 2 1/2 heures à feu moyen. Au bout d'un moment, dégraisser en écumant, ajouter les épices et saler légèrement la soupe.
4. Environ 45 minutes avant la fin de la cuisson, ajoutez les légumes racines, les oignons, les poireaux et les tiges de persil.
5. Enfin, filtrez la soupe avec un linge grossier.

6. Boulettes de viande frites

Ingrédients

- 350 g de boeuf (haché)
- 150 g de porc (émincé)
- 1 morceau de petit pain (sec, ou pain blanc)
- 1 oignon
- 6 gousses d'ail
- 4 cl de xérès (sec)
- 2 oeufs
- 1 feuille de laurier
- 1/2 bouquet de persil
- huile d'olive
- Sel de mer (du moulin)
- Poivre (du moulin)
- Farine

préparation

1. Tremper les rouleaux dans de l'eau tiède. Hacher finement l'oignon et 2 (!) gousses d'ail. Faites chauffer un peu d'huile d'olive dans une poêle et faites revenir les oignons et l'ail jusqu'à ce qu'ils soient translucides.
2. Déglacer avec le xérès et réserver. Pétrir la viande hachée avec les œufs et le petit pain écrasé et écrasé. Incorporer le mélange d'oignons et d'ail et le persil finement haché, assaisonner de sel et de poivre.
3. Façonner le mélange en petites boules avec les mains mouillées et les mélanger légèrement dans la farine. Hacher finement les gousses d'ail restantes et les faire chauffer dans l'huile d'olive.
4. Ajouter la feuille de laurier et faire frire les boulettes de viande jusqu'à ce qu'elles soient bien dorées. Sortez, séchez avec du papier absorbant et servez.

7. Récif et Boeuf

Ingrédients

Pour les crevettes :

- 8 crevettes
- un peu de jus de citron
- 1 brin(s) de persil
- 1 gousse d'ail
- 1 piment
- 2 cuillères à soupe d'huile d'olive
- sel
- Poivre (fraîchement moulu)

Pour les steaks :

- 4 rumstecks
- huile d'olive
- sel
- Poivre (fraîchement moulu)

Pour garnir:

- 1 poignée de roquette
- huile d'olive
- vinaigre balsamique blanc
- sel

préparation

1. Pour le récif et le bœuf, rincez d'abord les crevettes à l'eau froide. Ouvrez la coquille sur le dos et retirez le cordon intestinal. Pour la marinade, arracher les feuilles de persil de la tige et les hacher finement. Eplucher et hacher finement la gousse d'ail. Hacher finement le piment. Mélanger les herbes et les épices avec l'huile d'olive et laisser infuser les crevettes. Griller sur le gril environ 3 minutes de chaque côté - les crevettes auront alors une belle couleur rouge.
2. Badigeonner les rumstecks d'huile d'olive, saler et poivrer. Placer sur la grille et faire frire à votre guise : 3 minutes de chaque côté pour le « saignant », 6 minutes par côté pour le « moyen » et 10 minutes par côté pour le « bien cuit ».
3. Lavez la roquette et égouttez-la bien. Garnir d'huile d'olive, de vinaigre balsamique et de

sel. Placer les crevettes et les steaks côte à côte sur les assiettes et garnir le récif et le bœuf avec la roquette.

8. Steak de boeuf grillé

Ingrédients

- 4 tranche(s) Beiried (boeuf)
- 6 cuillères à soupe d'huile
- 1 brin(s) de romarin (frais)
- sel
- poivre
- Beurre aux herbes

préparation

1. Mélangez une marinade pour le steak de bœuf grillé à partir d'huile, de sel, de poivre et d'aiguilles de romarin frais. Badigeonner les steaks des deux côtés.
2. Placer sur la grille chaude et rôtir des deux côtés pendant quelques minutes seulement pour que la viande soit encore rose à l'intérieur. Ou préparez le steak dans une poêle très chaude.
3. Disposer et servir le steak de bœuf.

9. Rôti de boeuf grillé

Ingrédients

- 1000 g de rosbif
- Huile; pour la peinture
- sel
- Poivre (fraîchement moulu)

préparation

1. Badigeonner la viande d'huile sur tous les côtés. Placer le côté gras vers le bas sur le grillage chaud et faire griller pendant 20h30. Retournez-le plus souvent.
2. Enveloppez bien le morceau de viande dans du papier d'aluminium et laissez-le reposer à côté du feu pendant environ 15 minutes afin que le bouillon de rôti puisse s'étendre uniformément.
3. Avant de servir, saupoudrer de poivre fraîchement moulu et de sel et couper en petites tranches.
4. Des frites et une salade verte fraîche vont bien avec. Le beurre aux herbes ou peut-être une sauce barbecue est également délicieux avec.
5. Notre conseil : il est préférable d'utiliser des herbes fraîches pour un arôme particulièrement bon !

10. Steaks hachés

Ingrédients

- 1 rouleau (victime)
- 1/8 l de vin rouge
- 2 pièces Oignons
- 3 gousses d'ail
- 1 cuillère à soupe d'huile d'olive
- 500 g de tartare (cru, haché de boeuf)
- 1 pièce d'oeuf
- 1 gousse(s) de piments forts (hachés)
- 2 tomates (pelées et hachées)
- Romarin
- thym
- basilic
- sel
- poivre

- huile

préparation

1. Trempez le petit pain dans du vin rouge et essorez-le. Hacher finement les oignons et l'ail et les faire rôtir dans l'huile d'olive. Bien mélanger le tout avec le tartare, l'œuf, le poivre et les tomates. Assaisonner de romarin, thym, basilic, sel et poivre et pétrir en une pâte. Façonnez-en des steaks et, badigeonnés d'huile, faites-les griller au four ou au charbon de bois pendant environ 25 minutes.

LA VOLAILLE

11. Poulet rôti croustillant

Ingrédients

- 1 poulet (environ 1 1/2 kg)
- 1 cuillère à café de sel
- 1 cuillère à café de paprika (noble doux)
- 1/4 cuillère à café de thym (frotté)
- 1/4 cuillère à café d'origan
- 1 pincée de poivre (par exemple du moulin)
- 1/4 cuillère à café de marjolaine (frottée)
- 1 pincée de romarin (moulu)
- 30g de beurre

préparation

1. Lavez bien le poulet entier à l'intérieur et à l'extérieur et séchez-le avec des torchons de cuisine.
2. Bien mélanger les épices dans un bol.
3. Frotter le poulet à l'intérieur et à l'extérieur avec les épices.
4. Verser env. 1 cm d'eau dans la plaque à pâtisserie et placez le poulet dessus. Étaler les flocons de beurre sur le dessus et faire frire dans un four préchauffé (four ventilé à 170°C) pendant environ 1 heure.
5. Pendant tout le processus de rôtissage, versez le jus de rôti sur le poulet rôti 3 à 4 fois.

12. Chop Suey au poulet

Ingrédients

- 400g de poitrine de poulet
- 2 carottes
- 100g de brocoli
- 100 g de chou chinois
- 1 poireau(s)
- 1 oignon
- 100 g de fèves germées
- 50 g de châtaignes d'eau
- 50 g de pousses de bambou
- 1 cuillère à café de gingembre en poudre
- 1 cuillère à café de curry en poudre
- 1 cuillère à café de sel (dans l'original : glutamate)

- 3 cuillères à soupe de sauce soja
- 200 ml de soupe au poulet
- Fécule de maïs
- Huile d'arachide pour la friture

préparation

1. Couper le poulet, les carottes et le chou chinois en lanières, le poireau et l'oignon en rondelles. Faites chauffer de l'huile d'arachide dans une poêle ou un wok et faites revenir brièvement le poulet. Sortez à nouveau de la poêle et gardez au chaud. Ajouter graduellement les légumes et cuire juste assez longtemps pour que le tout soit croustillant et ferme jusqu'à la morsure. Ajouter les pousses de soja et de bambou et les châtaignes d'eau. Ajouter les épices et la sauce soja et déglacer avec la soupe au poulet. Incorporer la farine d'amidon avec un peu d'eau, incorporer et laisser la sauce bouillir brièvement. Ajouter à nouveau le poulet et laisser reposer quelques minutes de plus.

13. Poulet au piment indien

Ingrédients

- 5 morceaux de filets de poitrine de poulet env. 150-200 g chacun
- 1 bâton de cannelle
- 2 cuillères à café de gousses de cardamome
- 2 cuillères à café de clous de girofle
- 1 cuillère à café de grains de poivre noir
- 2,5 cuillères à soupe de coriandre fraîche hachée grossièrement
- 30 feuilles de feuilles de curry fraîches
- Jus de 2 citrons verts
- 4 cuillères à café de piment vert haché
- 4 cuillères à café de gingembre frais râpé
- 4 cuillères à café d'ail écrasé

- 2 cuillères à café de jus de tamarin
- 1 cuillère à café de curcuma
- sel
- Huile végétale

préparation

2. Casser le bâton de cannelle en plus petits morceaux et piler finement dans un mortier (ou moudre dans un moulin à café) avec la cardamome, les clous de girofle et le poivre. Mettre dans un bol. Ajouter la coriandre fraîche, les feuilles de curry, le jus de citron vert, le piment, le gingembre, l'ail, le jus de tamarin et le curcuma et mélanger le tout en une pâte. Assaisonner au goût avec du sel. Badigeonner les filets de poitrine de poulet avec la pâte et laisser reposer environ 20 minutes. Pendant ce temps préchauffer le four très chaud (220-240 degrés). Maintenant, arrosez les filets de poulet d'huile, placez-les dans un plat allant au four et faites cuire au four préchauffé pendant 20 minutes sans retourner les poitrines. Dresser et servir sur des assiettes.

14. Diavolo de poitrine de poulet

Ingrédients

- 2 poitrines de poulet (environ 400 g chacune, avec la peau)
- 1 cuillère à café de poivre de cayenne (ou 1KL de peperoncino)
- 1 pincée de muscade (fraîchement râpée)
- 1 pincée de cannelle
- 4 gousses d'ail
- 2 brins de romarin
- 4 cuillères à soupe d'huile d'olive
- Soupe au poulet (à verser)
- Sel de mer (du moulin)

préparation

1. Mélanger l'huile d'olive, le sel de mer, le poivre de Cayenne, la muscade et la cannelle à une marinade et badigeonner les poitrines de poulet des deux côtés. Placez les poitrines de poulet côté peau dans une poêle chauffée et faites-les frire à feu moyen jusqu'à ce que la viande blanchisse par le bas (et donc à travers). Faites frire les gousses d'ail légèrement pressées et les brins de romarin dans la même poêle pour ajouter de la saveur. Dès que les poitrines sont presque complètement cuites, retournez-les et poursuivez la friture pendant encore 1 à 2 minutes. Retirez les gousses d'ail et le romarin. Retirez les poitrines et coupez-les en deux. Verser un peu de soupe au poulet sur le rôti et laisser bouillir brièvement. Placer les poitrines de poulet sur des assiettes préchauffées et verser la sauce dessus (ne jamais les verser dessus) pour que la peau reste croustillante.

15. poulet farci

Ingrédients

- 1 poulet (environ 1,2-1,5 kg, prêt à cuire)
- 1 oignon
- 1 branche(s) de céleri
- 1 carotte
- 300 g de bette à carde
- 150g de ricotta
- 50 g de parmesan (fraîchement râpé)
- 2 cuillères à soupe de chapelure
- 1 oeuf
- 20g de beurre
- 250 ml de soupe au poulet
- 3 cuillères à soupe d'huile d'olive

- 1 cuillère à café de marjolaine (basilic, thym, fraîchement haché)
- Sel de mer (du moulin)
- Poivre (du moulin)
- Noix de muscade (moulue)

préparation

2. Lavez le poulet et essuyez-le. Faire bouillir brièvement les bettes dans de l'eau salée, les essorer vigoureusement et les hacher finement. Mélanger la ricotta avec les bettes, le parmesan râpé, la chapelure, l'œuf, la moitié des herbes, le sel, le poivre et la muscade. Remplissez le poulet avec le mélange et cousez l'ouverture. Couper l'oignon, le céleri et les carottes en tranches et les faire rôtir dans de l'huile d'olive chaude. Mettez le poulet, frotté avec les herbes restantes et faites frire de tous les côtés. Salez, poivrez et faites fondre le beurre sur le poulet. Verser la moitié de la soupe, couvrir et laisser mijoter à feu doux pendant env. 60-65 minutes. Ajoutez un peu de soupe de temps en temps pour que le poulet ne se dessèche pas.

Sortez le poulet et gardez au chaud. Filtrer la sauce et la laisser bouillir jusqu'à la consistance désirée (ne doit pas être trop liquide).

16. Foies de poulet yiddish

Ingrédients

- 100g d'oignons
- 1 cuillère à soupe de graisse d'oie
- 1/4 kg de foie de volaille (le foie de canard ou le foie d'oie naturel sont également possibles)
- 2 morceaux de gousses d'ail
- 2 oeufs (à la coque)
- sel
- poivre
- 1 pincée de piment de la Jamaïque (écrasé)
- 3 cuillères à soupe de beurre (plus si vous aimez)
- 4-8 tranche(s) de pain noir

préparation

1. Saisir les oignons finement hachés dans un peu de graisse d'oie jusqu'à ce qu'ils deviennent translucides et faire revenir le foie, coupé en petits morceaux, jusqu'à ce qu'il soit à peine cuit mais pas trop sec. Laissez refroidir le foie, hachez-le grossièrement et hachez-le avec les gousses d'ail, les œufs durs, le sel, le poivre et le piment de la Jamaïque dans un emporte-pièce (ou écrasez-le finement à la fourchette). Incorporer le beurre comme vous le souhaitez. Faire griller des tranches de pain noir jusqu'à ce qu'elles soient croustillantes et enrober du foie de poulet fini avant de servir.

17. Poulet Styrien au four

Ingrédients

- 1 pièce de poularde (styrienne)
- sel
- poivre
- Farine (lisse)
- 2 oeufs
- 1 trait de jus de citron
- 150 g de chapelure
- 1/2 kg de saindoux

préparation

1. Évider le poulet, le laver, éponger l'extérieur et l'intérieur avec du papier absorbant et cuire l'estomac dans de l'eau salée jusqu'à ce qu'il soit tendre. Couper le poulet en 8 morceaux, saler, poivrer légèrement les morceaux de poulet et les rouler les uns après les autres dans la farine, dans le jus de citron, l'œuf au four et la chapelure, puis bien presser la chapelure tout autour avec une fourchette. Pain également le cou, la colonne vertébrale et les entrailles (ne pas saler le foie). Faites chauffer le saindoux dans une grande poêle et faites frire les morceaux de poulet à feu pas trop élevé pendant 20 à 25 minutes jusqu'à ce qu'ils soient dorés et croustillants. Ne pas ajouter d'abats avant les 5 dernières minutes. Sortez les poulets frits de la graisse, égouttez-les soigneusement sur du papier absorbant.

18. Poulet aux champignons

Ingrédients

- 1 morceau de poulet (environ 1,5 kg)
- sel
- poivre
- 3 cuillères à soupe de beurre
- 1 oignon (finement haché)
- 150g de champignons
- 1/10 l de vin blanc
- 1 cuillère à café de fécule de maïs
- 1 cuillère à café de beurre
- persil

préparation

1. Couper le poulet en morceaux, assaisonner de sel et de poivre et faire revenir dans du beurre jusqu'à ce qu'il soit doré. Sortez de la poêle et réservez au chaud.
2. Faites revenir l'oignon dans la graisse restante, coupez les champignons en feuilles et faites-les frire également. Déglacer au vin blanc.
3. Ajouter les morceaux de poulet, couvrir et cuire jusqu'à ce qu'ils soient cuits.
4. Épaissir le jus avec de la fécule de maïs et du beurre et, saupoudré de persil, apporter à la table.

19. Poitrine de poulet farcie aux herbes

Ingrédients

- 4 poulets (sans peau)
- Pour la garniture aux herbes :
- 100 g d'épinards (ou hachez l'ail des ours)
- 100 g de pain aux boulettes
- 40g de beurre
- 2 oignons échalotes (légèrement rôtis)
- 2 oeufs
- 1/8 l de lait
- sel
- poivre
- Noix de muscade
- Pour la marinade :
- Jus de citron
- Huile d'olive Bertolli

- sel
- poivre
- le Chili
- Paprika (noble doux)
- sauce soja
- Romarin

préparation

1. Hacher les oignons Charlotten, les faire revenir légèrement dans du beurre et mélanger tous les autres ingrédients ensemble. Lavez les poitrines de poulet, essuyez-les, coupez-les en escalopes, badigeonnez-les de garniture aux herbes, roulez-les et assaisonnez avec la marinade ci-dessus. Ensuite, enroulez-le dans du film alimentaire. Placer dans un récipient perforé et cuire à 100°C pendant 20 minutes. Couper les blancs de poulet cuits en tranches et servir chaud (éventuellement sur du chou vapeur).

20. Dinde aux champignons dans une sauce au vin

Ingrédients

- 600 g de dinde (poitrine de dinde)
- 1/4 l de vin blanc
- 1 cuillère à soupe de farine d'épeautre
- sel
- Poivre (du moulin)
- 5 cuillères à soupe d'huile de maïs Mazola
- 250g de champignons
- 1/8 l de chantilly (ou Cremefine pour affiner)
- 2 cuillères à soupe de ciboulette

préparation

1. Couper la viande de dinde en cubes d'env. de 2 à 3 cm et placer dans un plat de cuisson solide. Incorporer la farine, le sel et le poivre au vin blanc, verser sur la viande et cuire à 100°C pendant 16 minutes. Faire chauffer l'huile, faire rôtir les champignons feuillus. Incorporer la crème fouettée et ajouter à la viande. Cuire encore 3 minutes. Saupoudrer de ciboulette sur le plat fini. Servir des boulettes de serviette ou des spaetzle Knorr comme plat d'accompagnement.

PORC

21. Filet de porc à la crème sure

Ingrédients

- 2 morceaux de filet de porc (environ 300g chacun)
- sel
- Poivre (du moulin)
- Huile de friture)
- 1 pc oeuf (fouetté pour badigeonner)
- Céréales (ou graines à saupoudrer)
- Pour la pâte à la crème sure :
- 150 g de farine (lisse)
- 1/4 cuillère à café de levure chimique
- 1pc de jaune d'oeuf

- 40 g de beurre (doux)
- 60 g de crème sure
- Farine (pour le plan de travail)

préparation

1. Salez et poivrez les morceaux de filet, faites-les revenir de tous les côtés dans de l'huile chaude, étalez et laissez refroidir. Pour la pâte à la crème sure, pétrir rapidement tous les ingrédients en une pâte, envelopper dans du papier d'aluminium et laisser reposer au réfrigérateur pendant environ 30 minutes. Étaler la pâte le plus finement possible sur un plan de travail fariné et couper en deux, envelopper le filet de porc dans la pâte, rouler, placer sur une plaque à pâtisserie préparée, badigeonner d'œuf battu et piquer plusieurs fois avec une fourchette, parsemer de graines ou des céréales si nécessaire. Cuire au four préchauffé à env. 170°C pendant env. 15 minutes, selon l'épaisseur. Sortez du tuyau, coupez en tranches et disposez à votre guise, servez avec du vin rouge, des herbes ou toute autre sauce.

22. Médaillons de porc au gorgonzola

Ingrédients

- 12 médaillons de porc
- sel
- poivre
- 2 cuillères à soupe d'huile de cuisson
- 1 gousse(s) d'ail
- 12 moitiés d'abricots (boîte / verre)
- 150 g de Gorgonzola

préparation

1. Lavez les médaillons de porc, essuyez-les, salez et poivrez. Faire revenir les médaillons 5 minutes de chaque côté. Éplucher la gousse d'ail, la couper en rondelles, l'ajouter et la faire revenir. Égoutter les abricots. Couper le Gorgonzola en tranches d'env. Deux à trois millimètres d'épaisseur.
2. Répartir les médaillons dans un plat allant au four et garnir chacun d'un demi-abricot et de Gorgonzola. Cuire au four préchauffé à 200 degrés (thermostat 3) pendant une dizaine de minutes.
3. Servir les médaillons sur une salade de roquette, si désiré.

23. Filet de porc grillé

Ingrédients
- 1 filet de porc (environ 500 g)
- 2 brin(s) de romarin
- 2 brins de thym
- 1 cuillère à café de poivre (broyé)
- Sel de mer (gros)

préparation
1. Pour le filet de porc grillé, assaisonnez d'abord le filet de porc tout autour avec du sel et du poivre, ajoutez le romarin et le thym et attachez la viande 5 à 6 fois avec une ficelle.
2. Griller sur le gril de tous les côtés pendant environ 1-2 minutes, sur la zone indirecte laisser infuser pendant environ 10 minutes. Trancher le filet de porc grillé et servir.

24. Côtes levées jamaïcaines

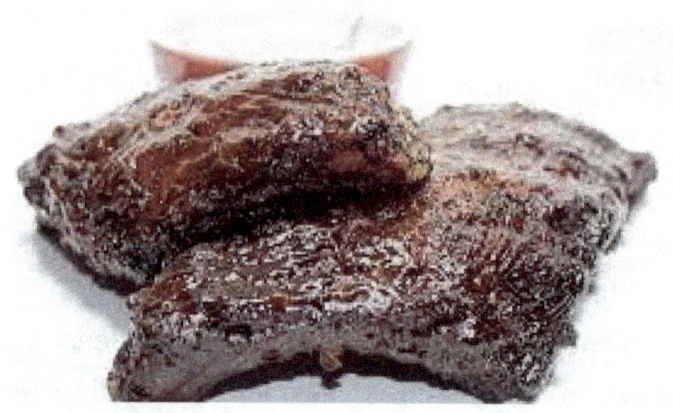

Ingrédients

- 2000 g de côtes levées
- 2 gousses d'ail
- 2 oignons
- 4 piments (frais)
- 1 orange (jus)
- 2 cc de rhum (blanc)
- 4 cuillères à soupe de sucre de canne
- 8 cuillères à soupe d'huile végétale
- 1/2 cuillère à café de clou de girofle en poudre
- 1/2 cuillère à café de cannelle (moulue)
- 1/4 cuillère à café d'assaisonnement neuf (moulu)
- sel

- poivre

préparation

1. Pour les côtes levées jamaïcaines, pelez et pressez d'abord l'ail. Couper le piment en fines rondelles. Si vous voulez que les côtes levées soient moins épicées, retirez les noyaux au préalable. Eplucher et émincer finement les oignons.
2. Mélanger les épices avec du sel et du poivre. Ajouter tous les autres ingrédients et bien mélanger. Placer les côtes levées dans la marinade pendant au moins 6 heures.
3. Retirer de la marinade, égoutter (mais récupérer la marinade) et griller à feu indirect pendant environ une demi-heure. Retournez les côtes levées jamaïcaines encore et encore et badigeonnez-les de marinade.

25. Escalopes de porcs fermiers au barbecue

Ingrédients

- 2 côtelettes de porc (coupées de 2 cm d'épaisseur, provenant de porcs fermiers)
- huile d'olive
- Poivre (coloré, grossièrement moulu)
- sel

préparation

1. Frotter les côtelettes avec le mélange de poivre grossièrement moulu, le sel et l'huile d'olive. Laisser mariner environ 1 à 2 heures.
2. Si vous faites mariner la viande plus longtemps, mettez-la au réfrigérateur et retirez-la à temps. La viande doit toujours être à température ambiante pour griller.
3. Bien préchauffer le gril et faire griller les côtelettes environ 3-4 minutes des deux côtés, selon leur épaisseur. Les escalopes du gril doivent passer, mais pas trop sèches.
4. Servir sur des assiettes préchauffées.

26. Marinade barbecue

Ingrédients
- 10 cuillères à soupe d'huile d'olive
- 2 morceaux de gousses d'ail
- 1 petit oignon
- 5 cuillères à soupe de ketchup aux tomates
- 3 cuillères à café d'herbes de Provence
- 1 cuillère à café de romarin

préparation
1. Hacher finement l'oignon pour la marinade du gril. Mettre l'huile d'olive dans un bol, ajouter les morceaux d'oignon, presser l'ail et bien mélanger avec le ketchup et les herbes.
2. Mettez la marinade dans un sac congélation et ajoutez la viande grillée. Laissez tremper le tout quelques heures au réfrigérateur et retournez plusieurs fois.

27. Côtes levées BBQ

Ingrédients
- 300 ml de ketchup
- 250g de miel
- sel
- poivre
- 1 coup de Tabasco
- 2 cuillères à café d'origan (séché)
- 20 cl de vinaigre de vin blanc
- 2 cuillères à soupe de Paradeismark
- 1 cuillère à soupe de poivre de cayenne
- 1200 g de côtes levées (porc, entières)

préparation
1. Pour les côtes levées BBQ, mélangez d'abord le ketchup avec du miel, du sel et du Tabasco, de l'origan, du poivre, du vinaigre et de la pulpe de tomate dans une sauce.
2. Hachez le gras du carré. Frotter avec du sel et du poivre et du poivre de Cayenne.
3. Griller à feu moyen pendant 20 minutes de chaque côté en retournant plusieurs fois de l'autre côté. Étalez d'abord un peu de sauce sur les côtes, puis badigeonnez le dessus. Répétez ce processus jusqu'à épuisement de la sauce.
4. Les côtes levées BBQ sont mieux préparées dans le gril de la bouilloire. Le temps de cuisson est d'environ 45 à 50 minutes. Lors de la préparation au four, cuire au four chauffé à 220 degrés pendant 40 minutes au total. Procédez de la même manière que pour les grillades.

28. Porc aigre-doux

Ingrédients

- 250 g de porc (surlonge de porc de préférence)
- quelques cosses de pois (jeunes)
- 1/2 carotte (petite)
- 1 échalote
- 1 gousse d'ail
- 6 champignons shiitake
- 2 cuillères à soupe de sauce soja
- 1 cuillère à soupe de sauce chili
- 1 cuillère à café de sucre
- 1 morceau de gingembre (de la taille d'une vignette)
- 1 pincée de fécule de maïs
- 50 ml de soupe au poulet
- 1 couteau. Poudre de cinq épices (Cinq épices)

- sel
- poivre
- 1 cuillère à soupe d'huile d'arachide

préparation

1. Pour le porc aigre-doux, coupez d'abord le porc en tranches de 5 mm d'épaisseur puis coupez-les en lanières de 1 cm de large. Coupez les cosses de petits pois en diagonale en losanges et coupez les carottes en bâtonnets de 3 mm d'épaisseur. Hacher finement le gingembre, l'échalote et l'ail. Coupez les champignons shiitake en quatre.
2. Mélangez la sauce soja avec la sauce chili, une pincée de sucre, le gingembre, la fécule de maïs, la soupe au poulet et la poudre de cinq épices.
3. Faites chauffer l'huile d'arachide dans un wok. Assaisonner les lanières de porc avec du sel et du poivre et les faire frire dans le wok en remuant constamment. Retirer la viande et réserver au chaud.
4. Ajouter les cosses de pois, les carottes, les échalotes, l'ail et les champignons shiitake et faire revenir 1 minute en remuant

continuellement. Ajoutez à nouveau la viande. Verser le mélange de sauce sur le dessus et porter à nouveau brièvement à ébullition.
5. Disposer le porc aigre-doux dans des bols.

29. Brochettes de porc satay

Ingrédients

Pour le porc :
- 600 g de feutre de porc
- 2 cuillères à soupe d'huile d'arachide
- 2 cuillères à soupe de sauce soja
- 2 citrons verts (en quartiers)
- Pour la sauce:
- 150 ml de lait de coco
- 1 cuillère à café de pâte de curry (rouge)
- 1 cuillère à soupe de miel (fin)
- 2 cuillères à café de beurre de cacahuète
- 2 cc de sauce soja
- 2 cuillères à soupe de mayonnaise légère KUNER (25 % de matière grasse)
- 1 citron vert (jus)

préparation
1. Pour les brochettes de porc satay, coupez d'abord le filet de porc en bouchées, placez-le dans un bol de taille moyenne et ajoutez l'huile d'arachide et la sauce soja. Placer au réfrigérateur pendant 2 heures pour mariner.
2. Faites chauffer le lait de coco dans une petite casserole avec la pâte de curry et laissez cuire quelques minutes. Incorporer ensuite le miel, le beurre de cacahuète et la sauce soja.

3. Sortez-le du poêle et laissez-le refroidir. Ajouter la mayonnaise et le jus de citron vert et bien mélanger la sauce satay.
4. Mettre le porc sur 8 brochettes de taille moyenne. Préchauffer une poêle à griller ou un gril.
5. Faites griller les brochettes de porc dans la poêle ou sur le gril pendant 3 à 4 minutes de chaque côté.
6. Badigeonner le porc d'un peu de sauce satay et griller encore 30 secondes de chaque côté ou jusqu'à ce que la sauce caramélise.
7. Les brochettes de porc satay sont servies avec le reste de la sauce satay et des quartiers de citron vert.

30. Poitrine de porc bouillie

Ingrédients
- 550 g de poitrine de porc (désossée, mais avec de belles couches de viande)
- 1 morceau de gingembre (3 cm)
- 2 gousses d'ail
- 1 oignon
- 1000 ml d'eau (froide)
- Radis à la bière (à garnir selon vos envies)

Pour la sauce:
- 100 ml de sauce soja

- 5 cuillères à soupe de Mirin (ou porto)
- 1 morceau de gingembre (2 cm, haché grossièrement)
- 5 cuillères à soupe de sucre
- 1 cuillère à soupe d'huile de sésame
- 3 cuillères à soupe d'huile végétale
- 50 ml de Dashi japonais (ou 1/2 cuillère à café de poudre de Hondashi)

préparation

1. Pour la poitrine de porc cuite, mettre d'abord de l'eau froide avec du gingembre, de l'ail, de l'oignon et de la viande et porter à ébullition. Puis laisser mijoter environ 1 heure. Filtrez l'eau et coupez la viande en morceaux de la taille d'une bouchée.
2. Pour la sauce, mélanger tous les ingrédients dans une casserole. Ajouter la viande et laisser mijoter jusqu'à ce que la viande prenne la couleur de la sauce soja et soit suffisamment molle pour être mangée avec des baguettes. Servir la poitrine de porc cuite et garnir de radis à la bière râpé si vous le souhaitez.

POISSON ET FRUITS DE MER

31. Anchois grillés

Ingrédients

- 1 kg d'anchois
- un peu de sel (gros)
- un peu d'huile d'olive
- 1 brin(s) de romarin

préparation

1. Pour les anchois grillés, nettoyez d'abord les anchois, retirez les branchies et coupez les têtes.
2. Faire une entaille sur le côté le long de la colonne vertébrale et bien sécher avec une serviette en papier. Saler les anchois uniquement à l'extérieur avec du gros sel.
3. Bien chauffer le gril et huiler un peu d'huile d'olive. Faites revenir les anchois des deux côtés pendant 3 à 5 minutes. Retournez le poisson une seule fois. Entre les deux, badigeonner avec la branche de romarin trempée dans l'huile d'olive.
4. Faire griller les anchois jusqu'à ce que la peau soit dorée et croustillante.
5. Les anchois grillés sont servis immédiatement.

32. Saucisse de poisson

Ingrédients

- 500 g de filet de saumon sauvage
- 500 g de filet de lieu jaune
- 1 cuillère à soupe de mer sel
- 1 cuillère à café de poivre
- 1 giclée de jus de citron
- 1 bouquet d'aneth
- 1 botte d'estragon
- 1 bouquet de persil
- Intestins de mouton (commandez la quantité requise de chair de poisson chez le boucher)

préparation

1. Pour la saucisse de poisson, laissez d'abord l'intestin de mouton tremper dans de l'eau tiède (pas plus de 40 degrés) pendant environ une heure avant la saucisse. Cela rend le boyau naturel plus élastique et plus facile à traiter.)
2. Hacher finement le filet de poisson au couteau.
3. Hacher finement les oignons, le persil, l'estragon et l'aneth et les mélanger au mélange de poisson avec un peu de jus de citron, du sel de mer et du poivre. (Si vous le souhaitez, vous pouvez faire frire une partie de la masse de poisson dans une poêle pour tester et ajouter de l'assaisonnement si nécessaire.)
4. Ensuite, la charge est remplie de la masse de poisson et l'intestin de mouton est tiré sur le goulot de remplissage. L'extrémité du boyau naturel est nouée.
5. Remplissez l'intestin de mouton soigneusement et pas trop étroitement avec le mélange de poisson et torsadez-le dans la longueur de saucisse souhaitée.

6. Les saucisses de poisson peuvent être cuites sur le gril à feu moyen direct ou sur la cuisinière dans la poêle.

33. Poisson sur un bâton

Ingrédients

- 8 corégones (gardon, näslinge, brème, barbeau, etc.)
- sel
- 8 brochettes de résineux (environ 50 cm de long)
- Braises de charbon de bois (bois vert)

- Pommes de terre (au goût)
- Feuille d'aluminium

préparation

1. Les poissons sur bâtonnets sont faciles à préparer sur le gril du jardin.
2. Les poissons sont d'abord éviscérés, bien nettoyés, écaillés si nécessaire, lavés et essuyés avec du papier absorbant. Ensuite, vous les coupez avec un couteau très tranchant en les coupant des deux côtés à des intervalles d'env. 2 millimètres.
3. Le poisson est bien salé à l'intérieur et à l'extérieur, le sel devant agir pendant environ 1/2 à 1 heure. Collez-les ensuite sur les brochettes en bois.
4. Ensuite, les poissons sont lentement frits sur des braises de charbon de bois enrichies de bois vert jusqu'à ce qu'ils soient croustillants et croustillants. Le bois vert, qui forme beaucoup de fumée, est nécessaire car le

poisson sur bâton doit être à la fois grillé et fumé.
5. Faites frire les pommes de terre enveloppées dans du papier d'aluminium et servez bien salé avec le poisson sur les bâtonnets.

34. Thon au miel et sauce soja

Ingrédients

- 4 morceaux de steaks de thon
- 2 oignons nouveaux (hachés)
- 10 cm de gingembre
- 125 ml de sauce soja
- 2 cuillères à soupe de miel
- 2 cuillères à soupe de vinaigre balsamique

préparation

1. Pour la marinade, mélangez la sauce soja avec le vinaigre balsamique et le miel.
2. Mettez le thon avec le gingembre et les oignons nouveaux dans un plat. Versez la marinade dessus et mettez le tout au réfrigérateur pendant 1 heure.
3. Après le temps de trempage, faire griller le thon sur le gril ou à la poêle pendant 3 à 4 minutes de chaque côté.

35. Saumon grillé

Ingrédients

- 200 g de filets d'orange (ou tranches d'orange)
- 2 oignons nouveaux
- 250 g de filet de saumon (sans peau, frais ou surgelé et décongelé)
- sel
- poivre
- 6 cuillères à soupe de sauce caraïbe KUNER

préparation

1. Pour le saumon grillé, coupez d'abord les filets ou les tranches d'orange en morceaux. Nettoyez les oignons nouveaux et coupez-les en rondelles. Couper le saumon en morceaux de la taille d'une bouchée, saler et poivrer au goût. Mélanger délicatement la sauce caribéenne avec le poisson, les oranges et les oignons.
2. Pour chaque colis, étalez deux fois la feuille d'aluminium, env. 20x20cm. Verser un quart du mélange sur le dessus et plier et sceller le papier d'aluminium sur la garniture. Cuire les paquets sur le gril chaud pendant environ 20 minutes.
3. Servir le saumon grillé.

36. Curry de pêche et poisson du cuiseur vapeur

Ingrédients

- 400 g de poisson-chat
- 3 cuillères à soupe de sauce soja
- 1 cuillère à soupe de jus de citron vert
- sel
- poivre
- un peu de gingembre
- 1 gousse(s) d'ail
- 1 pc. Piments
- 2 cuillères à soupe de noix de coco râpée
- 200 ml de lait de coco
- 2 cuillères à soupe de curry
- 1 botte d'oignons de printemps
- 2 pêches (mûres)

préparation

1. Pour le curry pêche et poisson, nettoyez le poisson-chat et coupez-le en morceaux. Assaisonner de sauce soja, de jus de citron vert, de sel et de poivre.
2. Pelez et râpez un peu de gingembre. Eplucher et hacher finement la gousse d'ail. Épépiner et hacher finement le piment.
3. Mettre tous les ingrédients sauf les oignons nouveaux et les pêches dans un récipient de cuisson solide et cuire (à 100°C pendant 10 minutes).
4. Nettoyez les oignons nouveaux et coupez-les en fines rondelles, épluchez les pêches et coupez-les en morceaux. Ajouter au reste des ingrédients et cuire le tout ensemble (à 100°C pendant 5 minutes).

37. Roulade de chou au poisson

Ingrédients

- 400 g de filets de poisson (saumon, omble, truite, brochet)
- 600 ml de crème (liquide)
- 4 jaunes
- Poivre (fraîchement moulu)
- sel
- 10 ml de jus de citron
- 1 pincée de poivre de cayenne
- 8 pièces Feuilles d'herbes (ou feuilles de chou)

préparation

1. Emincer les filets et congeler brièvement, mélanger avec la crème et le jaune en moulinette jusqu'à l'obtention d'une masse lisse, assaisonner de sel, de poivre et d'un trait de jus de citron.
2. Retirer la tige des feuilles de chou et les faire bouillir individuellement dans de l'eau salée, bien égoutter, étaler la garniture sur le dessus et rouler.
3. Étaler avec la dernière face dans un plat allant au four et cuire dans un four préchauffé pendant environ 30 minutes.
4. Verser le mélange crème/crème dessus si besoin.

38. Tarte à la truite saumonée du cuiseur vapeur

Ingrédients

- 1 oignon (petit)
- 2 cuillères à soupe de beurre
- 750 g de filet de truite saumonée
- 90g de pain blanc
- 1 pièce d'oeuf
- sel
- poivre
- Noix de muscade
- 350 ml de crème
- 1 cuillère à soupe d'aneth (haché)
- Beurre (pour graisser)

préparation

1. Pour la tarte à la truite saumonée, coupez l'oignon en fins cubes et placez-le dans un plat de cuisson solide avec le beurre. Couvrir de papier aluminium et cuire à la vapeur (à 100°C pendant 4 minutes).
2. Rincez les filets de truite, essuyez-les et enlevez la peau. Refroidissez un filet, coupez le reste en cubes et ajoutez-le aux oignons.
3. Écorcer le pain blanc, le couper en cubes, le placer dans le récipient de cuisson avec l'œuf, le sel, le poivre et la muscade.
4. Ajouter la crème et mélanger tous les ingrédients.
5. Couvrir et laisser infuser au réfrigérateur pendant 1 heure. Puis réduire en purée. La masse ne doit pas chauffer. Ajouter l'aneth et mélanger.
6. Verser la moitié du mélange dans un plat oblong graissé, lisser et déposer le filet de truite dessus. Étaler le reste du mélange sur le dessus, lisser et couvrir. Placer le plat sur la grille du cuiseur vapeur (à 90°C pendant 60-70 minutes).

39. Galettes de poisson aux herbes du jardin

Ingrédients

- 500 g de filets de poisson (blancs comme sandre, plie)
- 1 morceau d'oignon
- 2 bouquets d'herbes du jardin (par exemple basilic, thym, origan, ciboulette)
- 1 cuillère à café de moutarde (grossière)
- 2 oeufs
- 1 morceau de citron (non traité, jus et zeste)
- 5 cuillères à soupe de chapelure
- Sel poivre
- Huile d'olive (pour la friture)

préparation

1. Pour les galettes de poisson aux herbes du jardin, si nécessaire, commencez par détacher les filets de poisson des arêtes avec une pince à épiler et coupez-les en petits cubes.
2. Eplucher l'oignon et le couper en petits cubes. Coupez les herbes en fines lamelles. Mélanger avec le reste des ingrédients et assaisonner de sel et de poivre.
3. Façonner les galettes avec les mains humides et les faire frire des deux côtés dans une poêle chaude dans un peu d'huile d'olive.
4. Le Fischlaibchen aux herbes du jardin dans un four préchauffé à 180 degrés environ 20 minutes pour terminer la cuisson et servir immédiatement.

40. Soupe de poisson grecque (Kakavia)

Ingrédients

- 1,5 kg de poisson méditerranéen (grondin, rouget, rascasse, ou 600 g de poisson fi)
- 1.5l de fumet de poisson (ou eau)
- 4 échalotes
- 3 tomates
- 2 carottes
- 3 pommes de terre (petites)
- 2 gousses d'ail
- 1 feuille de laurier
- 1 brin(s) d'aneth
- 1 brin(s) de persil
- quelques feuilles de céleri
- 3 cuillères à soupe de jus de citron

- 4 cuillères à soupe d'huile d'olive
- Sel de mer (du moulin)

préparation

1. Couper les échalotes en rondelles et les faire suer dans l'huile d'olive jusqu'à ce qu'elles soient translucides. Coupez les carottes et les pommes de terre en cubes et ajoutez-les aux oignons avec l'ail haché. Verser du fumet de poisson ou de l'eau dessus. Ajouter la feuille de laurier et laisser mijoter environ 15 minutes. Pendant ce temps, écailler, laver, fileter et désosser le poisson. Couper les filets en bouchées, saler et mettre dans le bouillon. Laissez infuser 5 à 10 minutes à feu doux. Pendant ce temps, blanchir (échauder) les tomates, peler et épépiner, les couper en cubes et les ajouter à la soupe. Assaisonner au goût avec du jus de citron et du sel marin. Garnir avec le persil ciselé, l'aneth et les feuilles de céleri hachées.

SALADE

41. Salade avec lanières de poitrine de dinde

Ingrédients

- 1/2 laitue
- 1 oignon de printemps
- 1 tomate
- 2 morceaux de radis
- 1 cuillère à soupe d'huile d'olive
- 3 cuillères à soupe de vinaigre de vin
- Moutarde (un peu)
- sel
- poivre
- 200 g de filet de poitrine de dinde
- 200 g de pain complet (4 tranches)

préparation

1. Pour la salade avec des lanières de dinde, lavez la salade et coupez-la en bouchées.
2. Hacher les tomates, les radis et les oignons nouveaux et les disposer ensemble sur deux assiettes.
3. Pour la marinade, bien mélanger l'huile, le vinaigre, la moutarde, le sel et le poivre et verser sur la salade.
4. Couper la poitrine de dinde en fines lanières et les faire frire dans une poêle non huilée.
5. Verser sur la salade encore chaude et servir aussitôt avec du pain complet.

42. Salade au fromage de brebis grillé

Ingrédients

- 150 g de fromage de brebis Saint Albray (fromage à pâte molle)
- Laitue (mélangée)
- 1 échalote
- 1/2 baguette
- vinaigre de vin blanc
- Huile végétale
- sel
- poivre

préparation

1. Pour la salade au fromage de brebis grillé, coupez le Saint-Albray en morceaux d'env. 1cm d'épaisseur. Badigeonner d'huile d'olive des deux côtés. Couper la baguette en tranches et faire rôtir les deux sur le gril pendant environ 5 à 10 minutes jusqu'à ce qu'elles soient dorées.
2. Pendant ce temps, émincez finement l'échalote et faites-la revenir dans un peu d'huile. Déglacer au vinaigre de vin blanc, ajouter 1 cuillère à soupe de sucre, laisser refroidir brièvement et étaler sur la laitue lavée. Bien mélanger.
3. Répartir le fromage de brebis grillé sur les tranches de baguette, poivrer et servir sur 2 assiettes avec la salade.

43. Salade de dinde fruitée

Ingrédients

- 1 poitrine de dinde
- 1/2 citron (jus)
- 2 cuillères à soupe de sauce soja
- 1/2 melon miel
- 1 poire
- 1 tasse(s) de groseilles (ou framboises)
- du miel
- 1 cuillère à café de moutarde
- 1 pincée de sel
- 1 pincée de poivre
- 4 cuillères à soupe d'huile de tournesol
- 1 morceau de fenouil
- 200-300 g de mélange de salades (diverses salades de feuilles)

- Graines de tournesol (au goût)

préparation

1. Pour la salade de dinde, coupez la poitrine de dinde en lanières. Mélanger le jus de citron et la sauce soja. Faites mariner la poitrine de dinde dedans.
2. Couper le melon en tranches. Couper la poire en quartiers. Lavez les groseilles et les framboises. Écrasez la moitié des groseilles.
3. Mélanger avec le reste du jus de citron, le miel, la moutarde, le sel, le poivre et l'huile. Faites griller les graines de tournesol dans une poêle, retirez-les. Faire griller la poitrine de dinde dans la poêle pendant environ 3 minutes.
4. Sel et poivre. Couper le fenouil en tranches et faire revenir brièvement. Laver les salades et mariner comme vous le souhaitez.
5. Disposer le tout et saupoudrer de graines sur le dessus.

44. Fromage émincé et galettes de viande

Ingrédients

- 200 g Saint Albray doux & épicé
- 500 g de viande hachée (mixte)
- Chapelure
- marjolaine
- Origan
- Romarin (frais)
- 1/2 kg de pommes de terre
- huile d'olive
- sel
- poivre

préparation

1. Pour les galettes de fromage haché et de viande, épluchez d'abord les pommes de terre et, selon la taille, coupez-les en quartiers ou en quartiers. Pré-cuire dans l'eau salée pendant 10-15 minutes.
2. Pendant ce temps, coupez 200 g de Saint-Albray doux et épicé en dés et placez-les dans un grand bol. Ajouter la viande hachée. Mélanger une poignée de chapelure, de marjolaine et d'origan dans le mélange de galettes. Assaisonner au goût avec du sel et du poivre. Façonner les galettes et préparer sur une assiette.
3. Assaisonner les pommes de terre avec du sel (de mer) et égoutter. Cueillir des aiguilles de romarin au goût et saupoudrer sur les quartiers de pommes de terre. Versez de l'huile d'olive dessus et mélangez soigneusement.
4. Le fromage de pain de viande hachée et les pommes de terre au romarin jusqu'à ce qu'ils soient dorés griller et déguster.

45. Brochettes de satay au tofu

Ingrédients

- 600g de tofu
- 6 brochettes en bois (arrosées)

Pour la marinade :

- 6 bâton(s) de citronnelle
- 2 cuillères à soupe d'huile d'arachide
- 6 cuillères à soupe de sauce soja
- 2 piments
- 4 gousses d'ail
- 2 cuillères à café de curcuma
- 4 cuillères à café de sucre
- Un peu de sel

Pour la sauce:

- 10 cuillères à soupe de sauce soja
- 4 cuillères à soupe de sauce de poisson
- 4 cuillères à café de sucre (brun)
- 2 citrons verts (non traités)
- 2 piments

préparation

1. Si nécessaire, retirez la couche supérieure de la citronnelle pour la marinade. Hacher finement les bâtonnets. Eplucher et presser l'ail. Épépiner et hacher finement le piment. Bien mélanger tous les ingrédients de la marinade.
2. Coupez le tofu en cubes et placez-le dans la marinade. Faites mariner dedans pendant au moins 1 heure.
3. Pendant ce temps préparez la sauce. Pour ce faire, pressez les citrons verts et mélangez le jus avec le reste des ingrédients.
4. Sortez le tofu de la marinade et laissez-le égoutter un peu. Collez sur les brochettes arrosées. Griller environ 8 minutes en retournant régulièrement entre les deux.
5. Servir les brochettes avec la sauce.

46. Steak grillé

Ingrédients

- 4 steaks (boeuf, 250 g chacun)
- 2 cuillères à café de thym (séché)
- 2 cuillères à café de flocons de piment
- 2 cuillères à café de graines de coriandre (moulues)
- 2 cuillères à café de cumin (moulu)
- 2 cuillères à café de grains de poivre (colorés, concassés ou écrasés)
- 2 cuillères à café de sel
- 2 cuillères à café de sucre (brun)
- un peu d'huile d'olive

préparation

1. Pour un steak grillé, sortez le steak du réfrigérateur au moins un quart d'heure avant utilisation et laissez-le revenir à température ambiante.
2. Mélanger les épices et le sucre. Rouler le steak dans le mélange d'épices.
3. Pour un steak grillé moyen, faites griller la viande à feu direct pendant environ 1 1/2 minutes de chaque côté. Pendant ce temps, badigeonner d'un peu d'huile d'olive. Laisser reposer environ 3-4 minutes avant de servir.

47. Brochettes de poulet au curry de la friteuse à air chaud

Ingrédients

- 4 poitrines de pouletPour la marinade :
- 100 ml de lait de coco
- 3 cuillères à soupe de curry en poudre
- 1 bouquet de coriandre
- 10 cuillères à soupe de yaourt
- sel
- poivre

préparation

1. Nettoyez le poulet et coupez-le en lanières dans le sens de la longueur. Lavez la coriandre, séchez-la bien et hachez-la finement.
2. Bien mélanger tous les ingrédients de la marinade. Mettre les lanières de poulet et laisser mariner plusieurs heures.
3. Placez les lanières de viande sur les brochettes de l'Airfryer.
4. Faites griller dans la friteuse à air chaud Philips Airfryer à 180 °C pendant environ 10 minutes.

48. Brochettes de crevettes sur salades de feuilles

Ingrédients

- 3 pièces Brochettes de crevettes (marinées vous-même ou achetées toutes faites)
- Laitue frisée (divers, quantité au choix)
- 200 ml d'eau
- 1 gousse(s) d'ail
- 1 cuillère à soupe de miel
- 1/2 cuillère à café de cubes de soupe
- 1 cuillère à soupe de vinaigre balsamique
- 1 cuillère à café de moutarde

préparation

1. Pour les brochettes de crevettes sur laitue, lavez la laitue et coupez-la en morceaux de la taille d'une bouchée. Pour la marinade, porter brièvement à ébullition l'eau avec l'assaisonnement pour soupe, puis ajouter le miel, l'ail pressé, la moutarde et le vinaigre, bien mélanger et porter à nouveau à ébullition. Laissez refroidir la marinade.
2. Faites revenir les brochettes de crevettes pendant environ 3 minutes. Faites mariner la salade, nappez les brochettes de crevettes puis servez.

49. Burger grillé

Ingrédients

- 800 g de viande hachée (boeuf)
- 4 pains à hamburger
- 4 feuilles de laitue (ex. feuille de chêne clair)
- 4 tranche(s) de fromage
- 1 tomate
- 1/2 concombre
- 1 morceau d'oignon
- Ketchup
- sel
- Mayonnaise
- poivre

préparation

1. Pour le burger, coupez les tomates et le concombre en tranches. Faites chauffer le gril. Découpez les pains à hamburger. Si vous le souhaitez, vous pouvez les tartiner finement de beurre.
2. Pelez l'oignon et coupez-le en rondelles. Faire revenir légèrement la moitié des oignons dans l'huile et assaisonner de sel et de poivre. Saler et poivrer la viande hachée puis façonner des galettes.
3. Placez-les sur le gril chaud et faites griller pendant environ 5 minutes. Retirer du gril et déposer une tranche de fromage dessus. Maintenant, couvrez les petits pains - d'abord la laitue, puis le pain haché, les rondelles d'oignon, les tomates et le concombre.
4. Enfin, ajoutez du ketchup et de la mayonnaise et le tour est joué !

50. Langoustines frites

Ingrédients

- 8 pcs.scampi ((8/12) frais avec tête et carapace)
- 2 gousses d'ail (pelées)
- 2 brins de thym
- huile d'olive
- sel
- Moulin à poivre)

préparation

1. Pour les langoustines frites classiques, déveinez d'abord les crevettes. Pour ce faire, coupez soigneusement le dos avec un couteau tranchant dans le sens de la longueur du corps.
2. L'intestin est noir et facile à voir. Retirez-le soigneusement. Faites chauffer une poêle à fond épais, ajoutez l'huile d'olive, l'ail et le thym.
3. Faites revenir les scampis dans l'huile chaude pendant 6 à 8 minutes, selon leur taille. Saler et poivrer et servir chaud.

51. Boulettes de poisson

Ingrédients
- 100 g de thon (boîte)
- 1 morceau d'oeufs (60 g)
- 1/2 cuillère à soupe de farine de blé (grain entier)
- 1 pincée de sel d'iode
- 1 pincée de poivre noir

préparation
1. Émincer le thon dans un bol.
2. Ajouter le blanc d'oeuf, la farine, le sel et le poivre et mélanger le tout.
3. Façonner des boulettes de viande et les faire frire jusqu'à ce qu'elles soient dorées de chaque côté.

52. Plat de boulettes de viande

Ingrédients

- 150 g de viande hachée (mixte)
- 0,5 morceau d'oignon (environ 30 g)
- 1 morceau d'œuf (environ 60 g)
- 0,25 morceaux de chou-fleur (environ 200 g)
- 1 cuillère à soupe de fromage blanc allégé (<10% de matière grasse)
- 10g de fromage râpé
- 1 pincée de sel d'iode
- 1 pincée de poivre noir

préparation
1. Coupez le chou-fleur en petits morceaux et hachez-le en petites miettes.
2. Couper les oignons en petits cubes et faire revenir avec le chou-fleur haché pendant 10 minutes à feu moyen.
3. Mélanger les œufs, le fromage blanc, le fromage râpé (facultatif) et les épices en une pâte homogène.
4. Ajouter le mélange chou-fleur et oignon légèrement refroidi et mélanger.
5. Incorporer la viande hachée avec une fourchette et former de petites boulettes de viande.
6. Faire frire des deux côtés dans une poêle.

53. Ragoût de poulet au chou-rave

Ingrédients
- 125 g de poulet (poitrine)
- 1/2 chou-rave
- 1/2 oignon
- 30 ml de lait (allégé 1,5% de matière grasse)
- 30 ml de crème légère
- 1/2 cuillère à café de bouillon de légumes
- 1/4 botte de persil
- 2 cuillères à café d'huile d'olive

préparation
1. Couper la viande et le chou-rave en cubes.
2. Saler et poivrer les cubes de viande et les faire frire dans l'huile et réserver au chaud.
3. Dans la même poêle, faire revenir les cubes d'oignon et verser le lait, puis ajouter le chou-rave et verser 50 ml de bouillon.
4. Cuire avec le couvercle pendant 15 minutes.
5. Ajouter la crème légère et le poulet et porter à nouveau à ébullition.
6. Assaisonner au goût avec du sel, du poivre et de la muscade.
7. Parsemer de persil finement haché pour servir.

54. Poitrine de dinde sur riz au curry

Ingrédients
- 150 g de poitrine de dinde
- 50g de riz basmati
- 1 pincée de curry en poudre
- 1 morceau d'oignon (environ 50 g)
- 1 cuillère à café de concentré de tomate
- 25 ml de crème sucrée
- 1 pincée de sel d'iode
- 1/2 cuillère à café de beurre

préparation
1. Cuire le riz dans l'eau du curry selon les instructions.
2. Faire revenir brièvement la poitrine de dinde.
3. Étalez le riz cuit dans un plat allant au four et placez la poitrine de dinde sur le dessus.
4. Mettre au four préchauffé à 200°C pendant 10 minutes.
5. En même temps, faites revenir les oignons coupés en rondelles dans le beurre et fouettez la crème jusqu'à ce qu'elle soit ferme.
6. Étalez les oignons sur la viande, étalez délicatement le concentré de tomate dessus, étalez la crème en points réguliers avec une cuillère, ou étalez-la.
7. Remettez le tout au four encore 15 minutes.

55. Brochettes de poulet au curry de la friteuse à air chaud

Ingrédients
- 4 poitrines de poulet
- 100 ml de lait de coco
- 3 cuillères à soupe de curry en poudre
- 1 bouquet de coriandre
- 10 cuillères à soupe de yaourt
- sel
- poivre

préparation
1. Nettoyez le poulet et coupez-le en lanières dans le sens de la longueur. Lavez la coriandre, séchez-la bien et hachez-la finement.
2. Bien mélanger tous les ingrédients de la marinade. Mettre les lanières de poulet et laisser mariner plusieurs heures.
3. Placez les lanières de viande sur les brochettes de la friteuse Air.
4. Griller à la friteuse à air chaud à 180°C pendant environ 10 minutes.

56. Brochettes de poulet

jeingrédients

- 600g de filet de poulet
- 140 ml de jus de citron vert (fraîchement pressé)
- 2-3 cuillères à soupe de miel
- 2 cuillères à café de graines de fenouil
- 2 cuillères à soupe d'huile
- 2 gousses d'ail

préparation
1. Pour les brochettes de poulet, commencez par zuputzen le poulet et coupez-le en lanières. Arrosez les brochettes en bois.
2. Mélanger tous les ingrédients de la marinade au citron vert et au fenouil. Faire tremper le poulet dedans pendant au moins une demi-heure.
3. Placer la viande sur les brochettes en vagues. Les brochettes de poulet sur le gril ou dans une lèchefrite pendant environ 5 minutes (selon l'épaisseur) griller. Tournez entre les deux.

57. Rôti de dinde marinée

Ingrédients

- 1 rouleau de dinde rôti env. 800 grammes

Marinade:

- 3 cuillères à soupe de moutarde au raifort
- 2 gousses d'ail; exprimé
- échalote (finement hachée)
- 1 cuillère à soupe de sauge
- poivre
- 200 ml de babeurre

préparation
1. Les rôtis en rouleau prêts à cuisiner sont généralement enveloppés de cordes en caoutchouc : celles-ci doivent être retirées pour les grillades. Enveloppez le rôti avec de la ficelle de cuisine.
2. Mélanger tous les ingrédients dans une marinade, assaisonner de poivre. Faites mariner la viande dans cette marinade dans un endroit frais pendant au moins une journée. Tournez-vous de l'autre côté de temps en temps.
3. Pour griller, enrober à nouveau le rôti de marinade. Griller au moins 70 à 80 minutes (vérifier avec un thermomètre à viande : la volaille doit toujours être bien cuite, c'est-à-dire à chaleur de 65 à 70 degrés au point le plus épais).

58. Galettes de viande

Ingrédients

- 600 g de viande hachée (mixte)
- 1 rouleau (de la veille)
- 1 oignon
- 1 oeuf
- sel
- poivre
- moutarde
- 1 cuillère à soupe de graisse de friture

préparation

1. Pour le pain de viande, trempez un rouleau dans l'eau, essorez-le et ramassez-le. Éplucher et hacher finement l'oignon.
2. Bien pétrir le tout avec la viande hachée et l'œuf. Assaisonner au goût avec les épices, pétrir à plusieurs reprises et former 8 galettes plates.
3. Faire frire la graisse dans une poêle à frire, remplir les boulettes de viande et les galettes de viande croustillantes de pain grillé brun des deux côtés.

59. Boulettes de viande

Ingrédients

- 400g de boeuf haché
- 1 gousse d'ail écrasée
- 1/4 d'un oignon haché
- 2 cuillères à soupe d'odeur verte
- 1 cuillère à café de paprika ou paprika
- 1/2 sachet de bouillon en poudre (facultatif)
- Sel et poivre noir au goût

Préparation
1. Dans un bol, mélangez tous les ingrédients et pétrissez-les bien avec vos mains, pour que ce soit un mélange homogène.
2. Moulez le mélange en forme de boule et placez-le directement dans le panier de la friteuse à air.
3. Programmez la machine pendant 15 minutes à 200° degrés.
4. La moitié du temps, secouez le panier de la friteuse pour que les boulettes de viande soient uniformément dorées.

60. Ragoût de boeuf bouilli aux haricots verts

Ingrédients

- 3 oignons
- 800 g de boeuf bouilli
- sel
- poivre
- 2 cuillères à soupe d'huile de colza
- 1200 ml de bouillon de boeuf
- 600g de haricots verts
- 500g de pommes de terre
- 3 tiges de sarriette
- 3 tiges de persil
- 50 g de raifort frais (1 pièce)

Étapes de préparation

1. Eplucher les oignons et les couper en fines lamelles.
2. Couper le bœuf bouilli en cubes de 3 cm et assaisonner de sel et de poivre.
3. Faire chauffer l'huile dans une casserole. Ajouter les oignons et faire revenir brièvement jusqu'à ce qu'ils soient translucides. Verser le bouillon, ajouter la viande et cuire 1h30 à feu doux.
4. Pendant ce temps, nettoyez, lavez et coupez les haricots verts en deux.
5. Lavez, épluchez et coupez grossièrement les pommes de terre. Laver la sarriette, la secouer pour la sécher et arracher les feuilles.
6. Ajouter les haricots, les pommes de terre et la sarriette dans la casserole après 55 minutes et cuire avec eux.
7. Lavez le persil, secouez-le pour le sécher, arrachez les feuilles et hachez-le finement. Épluchez le raifort et râpez-le finement.
8. Ajouter le persil au ragoût, assaisonner de sel et de poivre. Servir le raifort séparément avec le ragoût.

61. Boeuf braisé à la sauce au vin rouge

Ingrédients

- 800 g de bœuf prêt à cuire, sans épaule
- 4 cuillères à soupe d'huile de colza
- sel
- poivre
- paprika noble doux
- 6 oignons
- 1 cuillère à soupe de concentré de tomate
- 400 ml de vin rouge sec zb bourgogne
- 200 ml de bouillon de boeuf
- 300 g de jeunes pommes de terre petites festkochend
- 1 carotte
- ½ tige de poireau

- 200g de champignons
- 2 feuilles de laurier
- 3 grains de poivre
- 1 morceau de zeste de citron
- 2 cuillères à soupe de persil haché grossièrement

Étapes de préparation

1. Lavez la viande, séchez-la et coupez-la en morceaux de la taille d'une bouchée.
2. Faire revenir la viande dans 2 cuillères à soupe d'huile de colza en portions et assaisonner de sel, poivre et paprika, puis retirer. Eplucher et émincer finement les oignons et les faire revenir dans le reste d'huile. Incorporez le concentré de tomate, laissez-le se colorer brièvement, puis remettez la viande dedans et versez le vin et le bouillon. Laisser mijoter à feu doux environ 1h30.
3. Pendant ce temps, lavez et nettoyez les légumes. Coupez les pommes de terre en deux, épluchez la carotte et coupez-la en bâtonnets. Coupez le poireau en quatre dans

le sens de la longueur et en morceaux de 3 cm de long. Nettoyez et hachez les champignons.

4. Faire revenir brièvement les légumes et les champignons dans 2 cuillères à soupe d'huile de colza, ajouter à la viande avec les épices en fin de cuisson et laisser mijoter 45 minutes à feu doux.

5. Retirez à nouveau les épices, assaisonnez le ragoût avec du sel et du poivre et servez parsemé de persil fraîchement haché. Servir avec de la baguette fraîche si vous le souhaitez.

62. Poulet au citron et aux asperges

Ingrédients

- 1 citron bio
- 300 g de filet de poulet (2 filets de poulet)
- sel
- poivre
- poudre de paprika
- 30 g de farine complète (2 cuillères à soupe)
- 2 cuillères à soupe d'huile d'olive
- 500g d'asperges vertes
- 2 gousses d'ail
- 1 cc de moutarde
- 100 ml de bouillon de légumes
- $\frac{1}{4}$ bouquet d'herbes fraîches (par exemple persil ou cerfeuil)

Étapes de préparation

1. Avec de l'eau chaude, lavez le citron, séchez-le et coupez-le en deux. Pressez la moitié du jus de la peau et frottez-le. Couper la moitié de l'autre morceau en tranches.
2. Rincez les filets de poitrine de poulet sous l'eau froide, essuyez-les et coupez-les en deux horizontalement. Assaisonnez avec le sel, le poivre et le paprika en poudre et retournez la farine.
3. Faites chauffer 1 cuillère à soupe d'huile d'olive dans une casserole. De chaque côté, faites-y revenir la viande pendant 4 à 5 minutes à feu moyen. Pendant ce temps, ajoutez les quartiers avec le citron. Retirer le citron et le poulet et réserver.
4. Pendant ce temps, lavez les asperges, essuyez-les et coupez les extrémités ligneuses. Coupez les asperges en morceaux d'environ 4 à 5 cm de long. Épluchez votre ail et hachez-le finement.
1. Faites chauffer le reste de l'huile dans la même poêle. Y faire revenir l'ail et les morceaux d'asperges à feu moyen pendant 3-4 minutes.

2. Ajouter le jus de citron, le zeste de citron, la moutarde et le bouillon, bien mélanger et porter brièvement à ébullition. Baisser le feu, remettre le filet de poulet et les quartiers de citron dans la poêle et laisser infuser un instant. Assaisonner au goût avec du sel et du poivre.
3. Laver les herbes, les secouer pour les sécher et les hacher grossièrement. Saupoudrer de poulet au citron et aux asperges avant de servir.

63. Wrap au poulet avec sauce aux arachides et noix de coco

Ingrédients

- 2 filets de poitrine de poulet (150 g chacun)
- 3 cuillères à café de miel
- 3 cuillères à soupe de sauce soja
- sel
- poivre
- ½ concombre
- 2 carottes
- 4 tiges de coriandre
- 8 feuilles de laitue iceberg
- 100g de beurre de cacahuète
- 6 cuillères à soupe de lait de coco
- 1 cuillère à soupe d'huile d'olive
- poivre de Cayenne

- 4 tortillas aux grains entiers
- 4 cuillères à soupe de crème sure

Étapes de préparation

1. Lavez la poitrine de poulet, essuyez-la et coupez-la en lanières. Mélanger 2 cuillères à café de miel et 1 cuillère à soupe de sauce soja dans un bol, bien assaisonner avec du sel et du poivre et y faire mariner la poitrine de poulet et laisser infuser environ 10 minutes.
2. Pendant ce temps, lavez le concombre et la carotte et coupez-les en fins bâtonnets. Laver la coriandre, la secouer pour la sécher et hacher grossièrement les feuilles. Lavez la laitue iceberg, séchez-la et coupez-la en fines lamelles.
3. Pour la sauce cacahuète et coco, mettre le beurre de cacahuète et le lait de coco dans une casserole et chauffer. Assaisonner au goût avec le poivre de Cayenne, le reste de la sauce soja et le reste du miel.
4. Faites chauffer l'huile dans une poêle antiadhésive, retirez la poitrine de poulet de la marinade et faites-la frire jusqu'à ce

qu'elle soit dorée de tous les côtés à feu moyen. Retirer, réserver le poulet et essuyer la poêle.

5. Rôtir les wraps dans la poêle sans matière grasse pendant environ 30 secondes de chaque côté. Badigeonner ensuite chaque wrap avec 1 cuillère à soupe de crème sure et recouvrir la moitié de la pâte de poulet, de concombre, de carotte et de laitue. Arroser de sauce aux arachides et noix de coco et saupoudrer de coriandre. Incorporer le wrap au poulet par le bas et rouler.

64. Curry de poulet aux poivrons et courgettes

Ingrédients
- 250g de riz brun
- 4 filets de poitrine de poulet env. 150 g chacun
- 1 petite courgette
- ½ poivron rouge
- 3 oignons
- 2 gousses d'ail
- 1 piment rouge
- 3 cuillères à soupe d'huile d'olive
- 1 cuillère à soupe de curcuma
- 1 cuillère à café de racine de coriandre hachée
- 1 cuillère à café de gingembre fraîchement râpé
- ½ cumin moulu
- 350 ml de bouillon de volaille

- 200 ml de lait de coco
- 2 feuilles de citron vert
- sel
- poivre du moulin
- feuilles de coriandre ou de persil pour la garniture

Étapes de préparation
1. Cuire ou cuire le riz à la vapeur selon les instructions sur le paquet.
2. Lavez le poulet, essuyez-le et coupez-le en lanières. Laver les courgettes, les couper en quatre dans le sens de la longueur et les couper en rondelles. Lavez le poivron, coupez-le en deux, épépinez-le et coupez-le en lanières. Épluchez les oignons et l'ail, coupez l'oignon en lamelles et hachez finement l'ail. Lavez et nettoyez le piment et coupez-le en fines lamelles. Faire revenir avec l'ail, les courgettes, le poivron et les oignons dans l'huile chaude pendant 4 à 5 minutes en remuant. Ajouter le poulet et cuire 2-3 minutes.
3. Mélanger le curcuma, la racine de coriandre, le gingembre et le cumin et déglacer avec le

bouillon. Ajouter le lait de coco et les feuilles de citron vert et laisser mijoter à feu doux environ 15 minutes en remuant de temps en temps. Si nécessaire, ajoutez un peu plus de bouillon. Incorporer le riz et enfin assaisonner de sel et de poivre. Garnir de feuilles de coriandre et servir au chaud.

65. Salade de poulet et courgettes aux noix

Ingrédients

- 3 courgettes
- 500 g de filet de poitrine de poulet
- sel
- poivre
- 4 cuillères à soupe d'huile d'olive
- $\frac{1}{2}$ frette menthe
- $\frac{1}{2}$ citron
- 80 g de noix de pécan

Étapes de préparation

1. Les courgettes doivent être lavées et nettoyées et coupées en fines tranches. Rincer à l'eau froide avec le filet de poulet, éponger, assaisonner de sel et de poivre.
2. Faites chauffer la poêle avec 2 cuillères à soupe d'huile. Y faire revenir le poulet environ 10 minutes à feu moyen jusqu'à ce qu'il soit

doré. Baisser le feu et laisser cuire les filets de poitrine de poulet.
3. Dans une autre poêle, faire chauffer le reste de l'huile. Faire revenir les tranches de courgettes à feu moyen pendant environ 4 minutes.
4. Lavez la menthe, secouez les feuilles séchées et arrachez-les. Pressez la moitié des citrons ensemble.
5. Sortez le poulet du bol, égouttez-le sur du papier absorbant et coupez-le en fines tranches. Hacher grossièrement les noix et bien mélanger avec les courgettes, le poulet, la menthe et le jus de citron. Salez et poivrez pour assaisonner et disposez dans des bols.

66. Salade de lentilles et poulet à la roquette

Ingrédients

- 300 g de lentilles du puy
- 1 oignon rouge
- 1 branche de thym
- 2 cuillères à soupe d'huile de colza
- 1200 ml de bouillon de légumes
- 1 feuille de laurier
- poivre
- 400 g de filet de poitrine de poulet
- sel
- 500 ml de bouillon de volaille
- 250g de tomates cerises
- 80 g de roquette (1 botte)
- 3 cuillères à soupe d'huile d'olive
- 2 cuillères à soupe de vinaigre de vin rouge

Étapes de préparation

1. Dans une passoire, rincez les lentilles et égouttez-les bien. Eplucher les oignons et les hacher finement. Laver le thym et sécher avec un shake.
2. Dans une casserole, chauffer l'huile de colza et y faire revenir l'oignon jusqu'à ce qu'il soit translucide à feu moyen. Ajouter les lentilles et faire revenir quelques instants, puis verser le bouillon. Ajouter la feuille de laurier et la branche de thym, ajouter le poivre et laisser mijoter environ 40 minutes à feu moyen. Égouttez-le ensuite et laissez-le refroidir.
3. Pendant ce temps, sous l'eau froide, rincez le poulet, séchez-le, assaisonnez de sel et de poivre. Dans une casserole, chauffer le bouillon, y mettre le poulet et laisser mijoter environ 20 minutes à feu doux. Il suffit de le sortir, de le laisser refroidir et de le couper en morceaux.
4. Lavez les tomates pendant ce temps et coupez-les en deux. Lavez, nettoyez et séchez la fusée avec une essoreuse.
5. Mélanger l'huile d'olive et le vinaigre pour la vinaigrette et assaisonner de sel et de poivre. Sur 6 assiettes, disposer les lentilles

roquettes, les tomates et le poulet et arroser de vinaigrette.

67. Salade de poulet à la vietnamienne

Ingrédients

- 700 ml de bouillon de volaille
- 600 g de filet de poulet
- 300 g de carottes (3 carottes)
- 200 g de radis (1 botte)
- 1 piment rouge
- 1 laitue
- 1herbes mélangées (par exemple menthe, basilic)

- 1 citron vert
- 45 g de cacahuètes hachées (3 cuillères à soupe)
- 2 cuillères à soupe d'huile végétale
- poivre

Étapes de préparation

1. Dans une casserole, porter le bouillon à ébullition. Y déposer le filet de poulet et laisser mijoter environ 20 minutes à feu doux.
2. Pendant ce temps, les carottes sont épluchées et coupées en fines et longues lanières. Les radis sont lavés et nettoyés, puis coupés en fines tranches. Le piment est lavé, nettoyé et finement haché.
3. Lavez la laitue, séchez-la à l'essoreuse et coupez-la en fines lamelles. Lavez les herbes, secouez-les pour les sécher et retirez les feuilles. Sortez le filet de poulet du bouillon, égouttez-le et laissez-le refroidir. Pressez le citron vert.
4. Couper la viande en fines lanières, mélanger avec les ingrédients de la salade préparée, le jus de citron vert, les noix, l'huile et assaisonner de sel et de poivre.

68. Poulet et épinards pilaf avec yaourt

Ingrédients

- 300 g de filet de poulet
- sel
- poivre
- 3 cuillères à soupe d'huile d'arachide
- 2 petits oignons (80 g)
- 300 g de pousses d'épinards
- 10 g d'herbes (2 poignées ; par exemple coriandre, persil)
- ½ cuillère à café de cumin moulu
- ½ cuillère à café de coriandre moulue
- ½ cuillère à café de curcuma en poudre
- 1 cuillère à café de garam massala
- 500 g de riz complet basmati cuit (de la veille)

- 50 ml de bouillon de légumes
- 150 g de yaourt (3,5% de matière grasse)
- flocons de piment

Étapes de préparation

1. Rincez le filet de poitrine de poulet, séchez-le et assaisonnez de sel et de poivre. Faites chauffer 1 cuillère à soupe d'huile dans une poêle. Faire revenir le filet de poulet des deux côtés à feu moyen pendant 5 à 8 minutes. Ensuite, sortez-le de la poêle et laissez-le refroidir.
2. Pendant ce temps, épluchez les oignons et coupez-les en fines rondelles. Lavez les épinards, essorez-les et hachez-les grossièrement. Réveillez les herbes, secouez pour les sécher et hachez-les également grossièrement. Couper le poulet en petits morceaux.
3. Faites chauffer le reste d'huile dans la poêle. Y faire revenir les oignons à feu doux pendant 5 à 6 minutes en remuant jusqu'à ce qu'ils soient dorés. Incorporer le cumin, la coriandre, le curcuma et le garam masala et

faire frire pendant 1 minute. Ajouter le poulet et le riz et faire sauter pendant 5 minutes. Ajouter le bouillon et les épinards et cuire 1 à 2 minutes. Remuez le yaourt jusqu'à ce qu'il soit lisse.
4. Saler et poivrer le pilaf, répartir sur des assiettes et garnir de yaourt. Saupoudrer le tout d'herbes hachées et de flocons de piment et servir.

69. Rouleaux de poulet Jarlsberg

Ingrédients

- 4 filets de poitrine de poulet
- 4 tranches de Jarlsberg
- 8 fines tranches de bacon strié
- Roquette
- sel et poivre

Préparation

1. Assaisonner les filets de poitrine de poulet avec du sel et du poivre. Enrober ensuite les filets de Jarlsberg et de feuilles de roquette.
2. Enfin, enroulez les tranches de bacon autour des filets enveloppés et fixez-les avec deux ou trois cure-dents en bois.
3. Griller les filets des deux côtés pendant environ 4 minutes.

70. Poulet rôti croustillant

Ingrédients

- poulet (environ 1 1/2 kg)
- 1 cuillère à café de sel
- 1 cuillère à café de paprika (noble doux)
- 1/4 cuillère à café de thym (frotté)
- 1/4 cuillère à café d'origan
- 1 pincée de poivre (par exemple du moulin)
- 1/4 cuillère à café de marjolaine (frottée)
- 1 pincée de romarin (moulu)
- 30g de beurre

préparation
1. Lavez bien le poulet entier à l'intérieur et à l'extérieur et séchez-le avec des torchons de cuisine.
2. Bien mélanger les épices dans un bol.
3. Frotter le poulet à l'intérieur et à l'extérieur avec les épices.
4. Verser env. 1 cm d'eau dans la plaque à pâtisserie et placez le poulet dessus. Étaler les flocons de beurre sur le dessus et faire frire dans un four préchauffé (four à chaleur tournante 170°C) pendant environ 1 heure.
5. Pendant tout le processus de rôtissage, versez la sauce sur le poulet rôti 3 à 4 fois.

71. Kale avec porc fumé et pommes de terre frites

Ingrédients

- 150 g d'oignons (3 oignons)
- 20 g de beurre clarifié
- 750 g de chou frisé (congelé, haché, non assaisonné)
- 200 ml de bouillon de légumes classique
- 700 g de crête de kassel (désossée)
- 750 g de petites pommes de terre cireuses (par exemple des triplés)
- 1 cuillère à soupe d'huile de colza
- sel
- poivre
- 15 g de sucre de canne brut (1 cuillère à soupe)

- 15 g de flocons d'avoine tendres (2 cuillères à soupe)
- piment de la Jamaïque moulu

Étapes de préparation

1. Eplucher et émincer les oignons. Faites chauffer le beurre clarifié dans une grande casserole ou une rôtissoire et faites-y cuire les cubes d'oignon jusqu'à ce qu'ils soient translucides. Ajouter le chou frisé et le bouillon de légumes et porter à ébullition.
2. Placer Kassler sur le dessus et cuire à couvert environ 40 minutes à feu moyen.
3. Pendant ce temps, lavez soigneusement les pommes de terre, couvrez d'eau dans une casserole, couvrez et laissez cuire 15 à 20 minutes.
4. Égouttez les pommes de terre, rincez-les à l'eau froide, épluchez-les et laissez-les refroidir un peu.
5. Faites chauffer l'huile de colza dans une poêle enduite et faites rôtir les pommes de terre à feu moyen pendant 5 à 10 minutes, en remuant fréquemment la poêle ou en

retournant les pommes de terre. Sel et poivre.
6. Saupoudrer de sucre de canne sur les pommes de terre et continuer à frire jusqu'à ce qu'elles soient dorées et que le sucre soit liquide.
7. Sortez Kassler et gardez au chaud. Incorporer les flocons d'avoine au chou frisé et porter à ébullition. Assaisonner au goût avec du sel, du poivre et du piment de la Jamaïque.
8. Trancher le porc et servir sur le chou frisé. Servir avec les pommes de terre rôties.

72. Filet de porc enrobé de bacon

Ingrédients
- 6 tranche(s) de rôti de poumon de porc (chacune de 3 cm d'épaisseur)
- 12 tranche(s) de bacon déjeuner
- 6 brin(s) d'estragon
- 2 cuillères à café d'épices à steak
- 2 cuillères à soupe d'huile d'olive
- 1 cuillère à soupe de beurre

préparation
1. Pour le filet de porc enrobé de bacon, assaisonnez les tranches de viande d'épices et enveloppez-les de bacon. Faire chauffer l'huile d'olive dans une poêle et saisir la viande des deux côtés.
2. Placer les brins d'estragon sur la viande, ajouter le beurre dans la poêle, couvrir et cuire 3 minutes à feu doux. Envelopper le filet de porc dans le bacon et servir.

73. Salade cobb asiatique

Ingrédients

- 1 poitrine de poulet
- 10 feuilles de laitue
- 1/2 tasse de fonds d'artichauts (facultatif)
- 2 oeufs
- 3 tranches de bacon de dinde
- 1 avocat (avocat)
- 8 tomates cerises ou 1 tomate
- Sel et poivre au goût
- 1 cuillère à café de moutarde
- 1/3 tasse de vinaigre de vin rouge
- 1/2 cuillère à café de sucre
- 1 cuillère à soupe d'huile d'olive

Direction

1. Placer la poitrine avec un peu de sel, cuite au four à 350 °F (180 °C) pendant 20 minutes
2. Mettez les tranches de bacon au four seulement pendant 10 minutes à la même température.
3. Faites cuire les œufs dans une casserole d'eau froide et comptez 10 minutes à partir du moment où l'eau commence à bouillir. Mettez les œufs sous l'eau froide jusqu'à ce qu'ils soient pris et retirez la coquille. Ensuite, ils broient.
4. Coupez les feuilles de laitue.
5. Coupez les tomates cerises en deux carrés, ou coupez la grosse tomate.
6. Sautez-le en petits morceaux jusqu'à ce que le poulet soit fini, ou émiettez-le simplement
7. Retirez la peau d'avocat et cassez-la en petits carrés.
8. Coupez-les en deux si vous utilisez des fonds d'artichauts.
9. La moztaza, le vinaigre, le sel, le poivre, le sucre et le beurre se marient très bien pour la vinaigrette. Appliquez-le sur la salade et amusez-vous.

74. Oeufs Brouillés Au Saumon Fumé

Ingrédients

- 4 œufs (moyen, smoothies)
- 30 ml de crème liquide
- 25g de beurre
- 50 g de saumon fumé (finement haché)

Instructions

1. Mélanger les œufs battus avec la crème liquide.
2. Faites chauffer le beurre dans une poêle à feu moyen-doux.
3. Nous jetons l'œuf battu et le cuisons, en remuant fréquemment, jusqu'à ce qu'il soit ferme.
4. À la fin, nous ajoutons le saumon fumé coupé en fines lanières et retirons la casserole du feu. Le saumon se réchauffera avec la chaleur résiduelle des œufs.
5. Servir aussitôt accompagné de toasts et de beurre.

75. Moules à muffins aux œufs Caprese

Ingrédients

- 1 oeuf 40 g de lait
- 40 g d'huile de graines
- 40 g de pesto génois
- 100g de farine
- 5 g de levure instantanée pour tartes salées
- 125g de mozzarella
- 5 tomates cerises sel

les directions

1. Mélanger l'œuf avec le lait, l'huile, le pesto et le sel.
2. Ajouter la farine tamisée et la levure chimique.
3. Ajouter la mozzarella coupée en dés.
4. Verser dans des moules à muffins après avoir mis un gobelet en papier ou graissé avec un peu de beurre.
5. Mettez la tomate cerise au centre.
6. Cuire dans un four statique préchauffé à 180° pendant environ 20 minutes.
7. Laisser refroidir avant de servir.

76. Pain croustillant avec tartinade aux œufs et à l'avocat

Ingrédients

- 3 oeufs
- 1 avocat doux
- sel
- poivre blanc fraîchement moulu
- ½ citron
- 1 échalote
- 4 radis
- 2 poignées de laitue mélangée zb salade de maïs, laitue romaine
- 8 tranches de pain croustillant à grains entiers
- 1 tige
- persil plat

Étapes de préparation

1. Piquez les œufs et faites-les cuire dans de l'eau bouillante jusqu'à ce qu'ils soient tendres à durs en 8-10 minutes.
2. Coupez l'avocat en deux et retirez le noyau. Coupez l'avocat en cubes et écrasez-le finement avec une fourchette. Assaisonnez avec du sel et du poivre. Pressez le citron, mélangez le jus à la crème d'avocat. Éplucher l'échalote, la couper en fines rondelles et l'incorporer également.
3. Lavez et tamponnez les radis et les feuilles de laitue ou essorez-les. Couper les radis en fines lamelles, cueillir les feuilles de laitue en morceaux de la taille d'une bouchée.
4. Effrayez les œufs froids et épluchez-les. Couper un œuf en quatre et réserver. Coupez les autres œufs en deux, retirez le jaune et écrasez-les finement avec une fourchette. Coupez le blanc d'oeuf en petits cubes. Incorporer les deux sous la crème d'avocat et assaisonner au goût.
5. Étaler la crème d'avocat sur le pain croustillant et garnir de laitue et de radis. Lavez le persil, essuyez-le et arrachez les

feuilles. Saupoudrer sur le pain et le broyer avec du poivre. Sers immédiatement.

77. Petites crêpes à la ricotta, œuf et jambon

Ingrédients

- 10 œufs
- sel
- 200g de farine
- 450 ml de lait
- poivre du moulin
- 2 cuillères à soupe d'huile végétale
- 40 g de beurre clarifié
- 400g de ricotta
- 8 tranches de jambon cuit

Étapes de préparation

1. Séparez 2 œufs et battez les blancs d'œufs en neige ferme avec une pincée de sel. Mélanger les jaunes d'œufs en une pâte lisse avec la farine et le lait, incorporer les blancs d'œufs et laisser reposer la pâte pendant environ 20 minutes.
2. Préchauffer le four à feu vif et doux à 80°C. Pendant ce temps, battre les œufs restants, les assaisonner dans une poêle chaude avec du sel, du poivre et de la muscade et verser l'huile. Laissez reposer un instant et fouettez légèrement à l'aide d'une fourchette. Retirer du feu et laisser refroidir.
3. Faites fondre du beurre clarifié dans une autre casserole et ajoutez 1 louche à crêpes à la pâte. Étaler la pâte uniformément en tournant et en inclinant légèrement la poêle et faire frire 1 à 2 minutes de chaque côté. Sortez le four préchauffé et gardez au chaud. Faites de même avec le reste de la pâte jusqu'à ce que toutes les crêpes soient cuites et que la pâte soit épuisée.

4. Placer le côté de la crêpe sur un plan de travail côte à côte, saupoudrer finement de ricotta, saler et poivrer délicatement, couvrir d'une tranche de jambon et quelques œufs brouillés, plier en deux et couper en deux une fois. Servir empilés sur des assiettes.

78. Oeufs brouillés au saumon

Ingrédients

- 1 cuillère à soupe d'huile de colza
- 8 œufs
- 4 cuillères à soupe de lait 1,5% de matière grasse
- sel
- poivre blanc fraîchement moulu
- 4 tiges d'aneth
- ½ citron
- 150g de saumon fumé
- 4 cuillères à café de raifort dans un verre

Étapes de préparation

1. Faire chauffer l'huile dans une poêle enduite. Battre les œufs avec le lait et assaisonner de sel et de poivre. Mettez l'œuf battu dans la casserole et laissez-le remuer pendant environ 4 minutes, en remuant.
2. Pendant ce temps, rincez l'aneth, secouez-le pour le sécher et, si nécessaire, cueillez quelques feuilles. Coupez le citron en quartiers.
3. Répartir les œufs brouillés sur quatre assiettes et garnir de saumon fumé. Disposer une cuillère à café de raifort et une colonne de citron et saupoudrer d'aneth cueilli. Décorez avec les tiges d'aneth et servez aussitôt.

79. Oeuf de bol de smoothie vert

Ingrédients

- 4 œufs
- 300 g de courgettes (1 grosse courgette)
- 150 g de petits pois surgelés (ou fraîchement hachés)
- 1 avocat mûr
- 50 g de jeunes épinards
- 3 cuillères à soupe de jus de citron
- 750 ml de bouillon de légumes froid
- sel
- poivre
- 1 cuillère à café de poudre de paprika piquant rose

Étapes de préparation

1. Cuire les œufs dans de l'eau bouillante jusqu'à ce qu'ils soient tendres et cireux en 5 à 6 minutes. Tremper froid et laisser refroidir.
2. Pendant ce temps, nettoyez, lavez et coupez les courgettes en morceaux. Décongeler les pois. Coupez l'avocat en deux, retirez le noyau, retirez la pulpe de la peau et coupez-la grossièrement. Laver le cresson et les épinards et secouer pour les sécher en enlevant les grosses tiges. Réserver 1 poignée de cresson pour la garniture, couper grossièrement le reste.
3. Mettez les courgettes, les petits pois, l'avocat, le cresson, les épinards et le jus de citron dans un mixeur et versez le bouillon. Purée tout d'abord à faible niveau, puis en douceur au plus haut niveau. Si le smoothie est trop épais, ajoutez un peu plus d'eau. Assaisonnez le smoothie avec du sel, du poivre et de la poudre de paprika et mélangez à nouveau brièvement.
4. Étaler le smoothie sur des bols pour servir. Éplucher les œufs, les couper en deux dans le

sens de la longueur et les disposer dessus. Garnir avec le cresson mis de côté.

80. Soupe froide de betteraves aux œufs

Ingrédients

- 2 oeufs
- 500 g de betteraves (précuites, sous vide)
- 1 gousse d'ail
- 550 ml de bouillon de légumes
- 70 g de yaourt grec
- 80g de chantilly
- 2 cuillères à soupe d'huile de colza
- ½ citron bio (zeste et jus)
- 1 pincée de poudre de chili
- 1 cuillère à café de poudre de paprika doux
- sel
- poivre
- 20 g de jeunes feuilles de betterave (1 poignée)

Étapes de préparation

1. Faire bouillir les œufs durs dans de l'eau bouillante en 8 à 10 minutes; tremper à froid, laisser refroidir et éplucher. Couper grossièrement la betterave. Peler et hacher l'ail. Réduire en purée avec le bouillon, le yogourt, la moitié de la crème, l'huile, le zeste de citron et le jus jusqu'à consistance crémeuse. Assaisonnez la soupe avec de la poudre de piment et de paprika, du sel et du poivre jusqu'à un goût prononcé et réfrigérez pendant au moins 1 heure.
2. Couper en deux ou en quatre les œufs. Laver les feuilles de betterave, secouer pour sécher, hacher si nécessaire. Mélanger brièvement la soupe avec un mélangeur, disposer dans des bols ou des assiettes creuses et garnir de quartiers ou de moitiés d'œufs. Saupoudrez de poudre de chili, de poivre et versez le reste de la crème et des feuilles de betterave sur la soupe.

81. Pilaf d'oignons aux œufs au plat

Ingrédients
- 100 g de lentilles beluga
- 300g d'oignons
- 2 gousses d'ail
- 4 cuillères à soupe d'huile d'olive
- 1 feuille de laurier
- 1 bâton de cannelle
- ½ cuillère à café de cardamome moulue
- 1 cuillère à café de graines de cumin
- sel
- 1 cuillère à soupe de miel
- 500 ml de bouillon de légumes chaud
- 250 g de riz brun basmati
- 4 œufs
- 4 tiges de coriandre
- poivre

Étapes de préparation

1. Rincez les lentilles et laissez-les tremper sous l'eau pendant 12 heures, de préférence toute la nuit.
2. Égoutter, rincer et égoutter le lendemain. Épluchez les oignons et coupez-les en fines lamelles. Pelez l'ail et hachez-le finement. Faites chauffer 2 cuillères à soupe d'huile dans une casserole. Faire revenir l'oignon et l'ail pendant 5 minutes à feu moyen. Ajouter le laurier, le bâton de cannelle, la cardamome, le cumin, le sel et le miel et faire caraméliser 4 minutes à feu moyen.
3. Ajouter 75 ml de bouillon et laisser bouillir presque complètement. Réserver 2 cuillères à soupe du mélange d'oignons pour servir; Mélangez les oignons restants avec le riz et les lentilles et laissez mijoter pendant 3 minutes à feu moyen. Verser le reste du bouillon et couvrir et cuire jusqu'à ce qu'il soit à l'épreuve des morsures à feu doux en 20-25 minutes. Retirez le couvercle et faites cuire le pilaf encore 10 minutes jusqu'à ce qu'il soit granuleux. Retirez la feuille de laurier et le bâton de cannelle.
4. Pendant ce temps, faites chauffer le reste d'huile dans une poêle. Faire frire les œufs au

plat des œufs. Laver la coriandre, la secouer pour la sécher et arracher les feuilles. Saler et poivrer le pilaf. Disposez les œufs au plat sur le pilaf, étalez les oignons de côté et saupoudrez de coriandre.

82. Aubergines aux graines de grenade

Ingrédients

- 600 g d'aubergines (2 aubergines)
- sel
- 1 grenade
- 10 g de persil (0,5 botte)
- 1 gousse d'ail
- 3 cuillères à soupe
- huile d'olive
- mer grossière sel
- 1 cuillère à soupe de vinaigre balsamique

Étapes de préparation

1. Nettoyer, laver, couper en deux dans la longueur, saler et laisser tremper les aubergines 10 minutes.
2. Pendant ce temps, coupez la grenade en deux et retirez les graines des fruits. Lavez le persil, secouez-le pour le sécher, arrachez les feuilles et hachez-le. Épluchez l'ail, hachez-le finement et mélangez-le avec 2 cuillères à soupe d'huile.

3. Séchez les aubergines et badigeonnez-les avec la moitié de l'huile d'ail. Faire griller les aubergines sur le gril préchauffé pendant environ 10 à 12 minutes, en les retournant de temps en temps et en les badigeonnant du reste d'huile.
4. Saupoudrer les graines de grenade, le sel de mer et le persil sur les aubergines pour servir et arroser de vinaigre balsamique.

83. Oeuf à la truffe

Ingrédients

- 100 g de crevettes (pelées et cuites)
- 3 jaunes d'oeufs
- 125 ml de lait
- 125 ml de crème fouettée
- Sel de mer (du moulin)
- Poivre (blanc, du moulin)
- 1 cuillère à soupe d'huile de truffe

préparation

1. Fouettez le lait, la crème, le jaune d'œuf et l'huile de truffe dans des plats en inox en remuant constamment à la vapeur chaude, jusqu'à ce que l'œuf commence à épaissir.
2. Hacher grossièrement les crevettes et les incorporer à l'œuf de truffe.
3. Assaisonnez le plat d'œufs truffés de sel et de poivre fraîchement moulus.

84. Quinoa Kale au saumon

Ingrédients

- 340 ml de bouillon de légumes
- 150g de quinoa
- 500 g de chou frisé
- sel iodé avec fluorure
- 400g de filet de saumon
- 2 cc d'huile d'olive
- 40 ml de jus de pomme
- 1 cuillère à soupe de vinaigre de vin
- 1 cuillère à soupe de jus de citron
- 7 g de moutarde (1 cuillère à café)
- poivre

Étapes de préparation

1. Porter à ébullition 300 ml de bouillon de légumes dans une casserole. Rincer le quinoa à l'eau, puis cuire dans le bouillon bouillant selon les instructions du paquet pendant environ 15 minutes jusqu'à ce qu'il soit al dente.
2. Pendant ce temps, nettoyez le chou frisé, découpez les nervures épaisses des feuilles, lavez le chou, hachez-le grossièrement et faites-le cuire dans de l'eau bouillante salée pendant environ 10 minutes. Puis égoutter, rincer à l'eau froide et bien égoutter.
3. Pendant ce temps, rincez le filet de saumon, essuyez-le et salez-le. Faites chauffer 1 cuillère à café d'huile d'olive dans une poêle. Y faire revenir le saumon 2-3 minutes à feu vif. Verser le jus de pomme et faire revenir le saumon 8 minutes à feu doux en le retournant une fois.
4. Pendant ce temps, pour la vinaigrette, mélanger le vinaigre, le jus de citron, le bouillon restant, l'huile, le sel, le poivre et la moutarde. Couper le saumon en morceaux et mélanger avec le quinoa et le chou frisé.

Répartir la salade dans les assiettes et arroser de vinaigrette.

85. Tartare de Saumon Fumé

Ingrédients

- 1/4 de concombre
- 200g de saumon fumé
- 1/2 bouquet d'aneth
- 1 cuillère à café de câpres
- 1 cuillère à soupe de jus de citron
- 1 cuillère à soupe d'huile d'olive

- Sel poivre

préparation

1. Pour le tartare de saumon fumé, épluchez le concombre, coupez-le en deux dans le sens de la longueur et épépinez.
2. Coupez la pulpe en cubes très fins.
3. Hacher finement le saumon fumé, hacher finement l'aneth et les câpres.
4. Mélanger les cubes de concombre, le saumon, l'aneth et les câpres, incorporer le jus de citron et l'huile d'olive et assaisonner le tartare de sel et de poivre.

86. Saumon au fenouil et à l'orange de la friteuse à air

Ingrédients
- 3 cuillères à soupe d'huile d'olive
- 1 orange
- 300 grammes   Saumon
- 1 fenouil
- 1 bouquet d'aneth
- Sel poivre

Préparation
1. Coupez l'orange et le fenouil en tranches régulières et assaisonnez avec un filet d'huile d'olive et un peu de sel et de poivre. Cuire à 160°C pendant 10 minutes.
2. Maintenant, mettez le bouquet d'aneth sur le fenouil et les oranges et intégrez le saumon dessus. Assaisonnez à nouveau avec un peu de sel, de poivre et d'huile d'olive et râpez un peu d'écorce d'orange sur le poisson. Enfournez à nouveau 10 minutes à 160°C dans l'Airfryer et c'est prêt !

87. Rouleaux de crêpes au saumon

Ingrédients

- 2 crêpes
- 150g de saumon fumé
- 150 g de fromage frais (naturel)
- 1 cuillère à soupe de raifort (fraîchement déchiré)
- 1 cuillère à café de jus de citron

préparation

1. Tout d'abord, mélangez le fromage à la crème avec le raifort râpé et le jus de citron et étalez-le sur les crêpes.
2. Déposer le saumon fumé sur les crêpes enrobées de cream cheese et rouler.
3. Couper en morceaux d'env. 3 cm d'épaisseur et servir.

88. Saumon En Croûte De Citron

Ingrédients
- 250 g de filet de lieu jaune
- 1 morceau de citron (environ 60 g)
- 1 pincée de sel d'iode
- 1 1/2 cuillère à café de farine de blé (grain entier)
- 2 cuillères à café d'huile de tournesol
- 1 pincée de poivre noir

préparation
1. Placer le saumon décongelé sur une assiette et arroser de citron des deux côtés.
2. Puis salez et poivrez des deux côtés et recouvrez d'un peu de farine.
3. Faites chauffer l'huile dans une poêle, puis faites revenir le saumon des deux côtés.
4. Selon l'épaisseur des morceaux et si le saumon était déjà complètement décongelé, le poisson est cuit au bout de 10 minutes.

89. Saumon En Croûte De Pistache

Ingrédients

- 3 cuillères à soupe de moutarde à gros grains
- 1 citron, le jus
- 1/2 tasse de pistache
- 1 cuillère à soupe d'huile d'olive
- sel et poivre
- 4 tranches de saumon

Préparation

1. Préchauffer le four à 375 F (190 ° C).
2. Mettez les pistaches et le broyeur dans un robot culinaire. Ajouter la moutarde, le jus de citron et l'huile d'olive. Bien mélanger. Assaisonnez avec du sel et du poivre.
3. Répartir le mélange de pistache sur les tranches de saumon et placer sur un pyrex graissé.
4. Enfourner 8 à 10 minutes selon l'épaisseur du saumon.

90. Brochettes de saumon fougueux

Ingrédients
- 1 surlonge de saumon
- 12 tomates cerises
- 1 poivron
- 1 courgette
- 1 oignon
- Huile d'olive
- 4 brochettes

Ingrédients pour la sauce aigre-douce
- ½ verre de crème liquide à cuisson
- 1 cc de sauce soja
- 1 cuillère à café de jus de citron
- poivre
- aneth
- Le sel

Étapes de préparation

1. Tout d'abord, nous enlevons la peau du saumon, puis la coupons en gros dés. Coupez ensuite tous les légumes de la même manière (en gros dés). Lorsque vous êtes prêt, commencez à assembler les brochettes, en piquant le saumon, l'oignon, la courgette, le poivron vert et les tomates cerises. étaler ces ingrédients sur des bâtonnets de brochette en alternance.
2. Maintenant, nous allons assaisonner légèrement les brochettes et chauffer un filet d'huile d'olive dans une poêle ou une plaque chauffante si nous en avons. Quand c'est déjà moelleux, on positionnera les brochettes séparément, sans se toucher.
3. Pendant la confection des brochettes, nous mélangeons de la crème liquide, de la sauce soja, du jus de citron, une pincée d'aneth et assaisonnons au goût dans une casserole. Faites ensuite chauffer à feu doux et remuez régulièrement jusqu'à ébullition.
4. Lorsque nous préparons les brochettes, nous les couvrons et les arrosons chacune avec la sauce que nous avons préparée. Cette recette est bonne avec du riz blanc ou des pommes de

terre cuites. Comme vous l'avez vu, la préparation de ces brochettes de saumon est rapide. Utilisez-les maintenant !!

91. Saumon orange avec riz aux noix

Ingrédients

- 250 g de riz basmati complet
- sel
- 1 orange bio
- 40 g d'herbes (1 poignée ; persil et aneth)
- à soupe d'huile d'olive
- poivre
- 600 g de filet de saumon (4 filets de saumon)
- 50 g de noix de cajou salées

Étapes de préparation

1. Cuire le riz dans de l'eau salée jusqu'à ce qu'il soit à l'épreuve des morsures selon les instructions du paquet.
2. Pendant ce temps, lavez l'orange à chaud, essuyez-la, frottez finement la peau et pressez le jus. Lavez les herbes, secouez, hachez et mélangez avec le jus et le zeste d'orange, 4 cuillères à soupe d'huile d'olive, du sel et du poivre pour la marinade. Badigeonner un plat allant au four d'huile résiduelle. Rincez le saumon sous l'eau froide, essuyez-le et versez la marinade.
3. Hacher grossièrement les noix. Étalez le riz dans la forme, mélangez les noix et mettez les filets de poisson sur le dessus. Arroser avec le reste de la marinade et cuire au four préchauffé à 200°C (four ventilé 180°C ; gaz : réglage 3) pendant environ 20 minutes.

92. Crêpes farcies au saumon

Ingrédients

- 200 g de farine d'épeautre type 1050
- 300 ml de lait (3,5% de matière grasse)
- 1 pincée
- sel
- 2 oeufs
- 3 cuillères à soupe d'huile de colza'
- 200g de fromage frais
- 1 cuillère à café de raifort (verre)
- ½ citron bio
- 200g de saumon fumé
- pointes d'aneth pour la garniture

Étapes de préparation

1. Pour les crêpes, incorporer la farine avec le lait et le sel jusqu'à consistance lisse, incorporer les œufs et laisser reposer environ 20 minutes.
2. Pour la cuisson, versez un peu d'huile de colza dans une poêle chaude un peu plus petite (environ 20 cm de diamètre) et faites cuire 12 petites crêpes fines l'une après l'autre. Empiler sur une assiette.
3. Mélanger le fromage à la crème avec le raifort jusqu'à consistance crémeuse. Lavez le citron à chaud, râpez-le, râpez le zeste et pressez le jus. Assaisonner de cream cheese avec du jus de citron et du zeste de citron et étaler finement sur les crêpes encore un peu chaudes. Garnir chacun d'une tranche de saumon et plier deux fois.
4. Disposer sur des assiettes et servir garni d'aneth.

93. Saumon avec salsa aux herbes et noix

Ingrédients

- 1200 g de filet de saumon avec peau
- sel
- poivre
- 6 cuillères à soupe d'huile d'olive
- ½ botte de persil (10 g)
- 4 tiges d'aneth
- 60 g de cerneaux de noix
- 1 gousse d'ail
- 2 cuillères à soupe de câpres (30 g ; verre ; égoutté)
- zeste et jus d'1 citron bio

Étapes de préparation

1. Rincez le filet de saumon, essuyez-le et posez-le côté peau sur une plaque à pâtisserie recouverte de papier sulfurisé, salez, poivrez et arrosez de 2 cuillères à soupe d'huile. Cuire au four préchauffé à 200°C (four ventilé 180°C ; gaz : réglage 3) pendant 12-15 minutes.
2. Pendant ce temps, lavez le persil et l'aneth pour la salsa, secouez pour sécher et hachez grossièrement les deux. Faire griller les noix dans une poêle chaude sans matière grasse à feu moyen pendant 3 minutes; puis laisser refroidir 5 minutes. Hacher grossièrement les noix et les mettre dans un bol. Peler l'ail. Hacher l'ail et les câpres, ajouter les deux avec les herbes, le zeste de citron et le jus aux noix. Mélangez le tout avec le reste d'huile d'olive, du sel et du poivre.
3. Sortez le saumon du four et retirez-le de la plaque avec le papier cuisson. Verser la salsa sur le saumon et saupoudrer de poivre.

94. Gâteau au fromage à base de biscuits

Ingrédients

- 150 g de biscuits complets
- 50g de beurre
- 1 cuillère à soupe de sirop de betterave
- 500g de ricotta
- 300 g de fromage blanc allégé
- 2 oeufs
- 2 cuillères à soupe d'amidon alimentaire
- ½ cuillère à café de vanille en poudre
- 50 g de sucre de canne brut
- 100 g d'amandes concassées
- 150 g de petites barres chocolatées
- 150 ml de crème fouettée

Étapes de préparation

1. Placez les biscuits dans un torchon propre et utilisez l'épingle pour les réduire en miettes. Faire fondre le beurre à feu doux dans une petite casserole et mélanger avec la chapelure et le sirop de betterave. Chemiser le moule à charnière du boulanger. Verser le mélange de biscuits et presser fermement.
2. Mélanger la ricotta et le fromage blanc. Ajouter graduellement les œufs, le fouet à fécule de maïs, la vanille et le sucre. Pliez les amandes de la crème. Placer les barres sur le fond de tarte et lisser la crème dessus. Cuire 50 à 60 minutes dans un four préchauffé (chaleur tournante 160°C ; gaz : niveau 2 à 3).
3. Sortez le cheesecake du four et laissez-le refroidir dans le moule. Retirez le cheesecake et laissez-le refroidir complètement.
4. Fouetter jusqu'à consistance ferme et servir avec le gâteau.

95. Barres Chocolat Noix

Ingrédients

- 175 g de biscuit zb grains entiers ou sablés
- 200 g d'amandes effilées torréfiées
- 75 g de cassonade
- 150g de beurre fondu
- 400g de flocons de noix de coco
- 350 g de lait concentré sucré
- 500 g de chocolat de couverture noir

Étapes de préparation

1. Préchauffer le four à 175°C chaleur basse et haute.
2. La base émiette grossièrement les biscuits et les émiette finement avec 75 g d'amandes et le sucre dans un hachoir éclair. Incorporer le beurre et presser uniformément dans un moule recouvert de papier sulfurisé (env. 32x24 cm). Cuire au four environ 20 minutes.
3. Mélanger les flocons de noix de coco avec le lait concentré. Sortez le fond du four et étalez le mélange de noix de coco sur le dessus. Parsemer du reste d'amandes et cuire au four encore 10 minutes. Puis le sortir à nouveau du four.
4. Hacher le chocolat et le laisser fondre au bain-marie chaud. Laissez-le refroidir un peu, étalez-le sur le gâteau et laissez-le refroidir sur une grille (au réfrigérateur si nécessaire).
5. Couper en morceaux avant de servir.

96. Gâteau à la crème de noix de coco à base de chocolat

Ingrédients

- 2 oeufs
- 1 pincée de sel
- 80g de sirop d'agave
- 125g de beurre
- 220 g de farine de blé type 1050 ou farine d'épeautre 1050
- ½ sachet de levure chimique
- 30 g de cacao en poudre (fortement déshuilé)
- 1 sachet de poudre de pouding à la vanille
- 400 ml de lait de coco (9% de matière grasse)
- 30 g de sucre de fleur de coco
- 40g de flocons de noix de coco
- 4 feuilles de gélatine

- 150 ml de crème fouettée
- 100g de chocolat noir
- 20g d'huile de coco

Étapes de préparation

1. Séparez les œufs et battez les blancs d'œufs avec du sel pour former des blancs d'œufs. Mélanger le sirop d'agave avec le beurre et le jaune d'œuf jusqu'à consistance mousseuse. Mélanger la farine, la levure et le cacao et tamiser dans la mousse de jaune d'œuf, puis travailler en une pâte lisse et incorporer très délicatement les blancs d'œufs.

2. Tapisser le moule à charnière de papier sulfurisé ou de graisse. Versez la pâte, lissez-la et enfournez à 180°C (chaleur tournante 160°C ; gaz : niveau 2) pendant environ 25-30 minutes (faire un test au bâton). Laissez ensuite le gâteau refroidir dans le moule.

3. Pendant ce temps, mélanger la poudre de pouding avec 5 à 6 cuillères à soupe de lait de coco jusqu'à consistance lisse. Mettez le reste du lait de coco, le sucre de fleur de coco et 30 g de flocons de coco dans une casserole et portez à ébullition. Incorporer la poudre

de pudding mélangée, porter à ébullition en remuant puis laisser refroidir.
4. Faire tremper la gélatine dans de l'eau froide. Fouettez 100 ml de crème jusqu'à consistance ferme. Faire chauffer légèrement le reste de la crème dans une casserole et y dissoudre la gélatine bien essorée. Incorporer 4 cuillères à soupe de crème de coco puis ajouter au reste de la crème de coco. Incorporer la crème et lisser la crème sur le fond chocolat. Réfrigérer au moins 1 heure.
5. Hacher grossièrement le chocolat noir et le faire fondre avec l'huile de coco au bain-marie, laisser refroidir un peu. Pendant ce temps, retirez délicatement le gâteau du moule. Recouvrir le gâteau avec le glaçage au chocolat. Saupoudrer avec les flocons de noix de coco restants et laisser prendre. Servir coupé en morceaux.

97. Gâteau aux fruits au chocolat

Ingrédients

- 300 g de pruneaux
- 300 g de figue séchée
- 200 g de fruits au four
- 200 g d'amandes en grains
- 150g de noisettes
- 5 œufs
- 125g de beurre
- 1 cuillère à soupe de miel
- 200 g de farine d'épeautre
- 1 pincée d'oeillet moulu
- ½ cuillère à café de gingembre moulu
- 1 cuillère à soupe de cannelle
- 100g de chocolat noir
- 20g d'huile de coco

Étapes de préparation
1. Hacher grossièrement les prunes, les figues et les fruits au four. Hachez les noix avec un couteau ou mettez-les brièvement dans un Blitzhacker. Séparez les œufs, battez les blancs d'œufs avec un batteur à main pour raffermir la neige. Fouetter le beurre et le miel jusqu'à consistance mousseuse, puis ajouter le jaune d'œuf et la farine et mélanger pour obtenir une pâte lisse. Pétrir les fruits, les noix et les épices sous la pâte et incorporer délicatement les blancs d'œufs.
2. Tapisser un moule à cake de papier cuisson et y verser la pâte. Enfournez dans un four préchauffé à 175°C (four ventilé : 150°C ; gaz : vitesse 2) pendant environ 60 minutes.
3. Sortez le gâteau du four et laissez-le refroidir. Pendant ce temps, hachez le chocolat et faites-le fondre avec l'huile de coco au bain-marie. Déformer le gâteau avec le chocolat.

98. Chocolat chaud sain

Ingrédients

- 1 ½ cuillère à café de cacao en poudre
- 1 pincée de cannelle
- 2 dattes molles dénoyautées
- 250 ml de boisson aux amandes (lait d'amande) ou autre alternative au lait végétal
- grué de cacao ou crème en spray végétalienne au choix

Étapes de préparation

1. Écrasez le cacao avec la cannelle, les dattes molles (2 ou 3 selon la douceur désirée) et le lait végétal de votre choix avec un mixeur plongeant jusqu'à ce que les dattes soient finement réduites en purée.
2. Chauffer lentement le mélange dans une casserole.
3. Verser dans une tasse et garnir le chocolat chaud de crème spray (végétalienne), de grué de cacao et d'un peu de poudre de cacao si vous le souhaitez.

99. Pudding au chocolat au caramel

Ingrédients

Pour la crème

- 50g de sucre
- 1 oeuf
- 2 jaunes d'oeufs
- 75g de chocolat noir
- 200 ml de lait
- 150 ml de crème fouettée au moins 30% de matière grasse
- huile pour les moules

Étapes de préparation

1. Battre le sucre avec l'oeuf et les jaunes d'oeufs. Hacher grossièrement le chocolat, porter à ébullition avec le lait et la crème dans une casserole et laisser couler dans le mélange d'œufs en remuant. Pour le miroir caramel, faire mijoter le sucre avec 2 cuillères à soupe d'eau dans une petite casserole jusqu'à ce que le sucre soit bien doré. Verser immédiatement dans les moules légèrement huilés et mélanger jusqu'à ce que le caramel soit uniformément réparti sur le fond des moules.
2. Préchauffer le four à une température supérieure et inférieure de 200°C. Verser le lait d'oeuf à travers une passoire et remplir les moules. Placer les moules dans un plat allant au four et remplir la moitié des moules avec de l'eau bouillante. Laissez reposer dans le four préchauffé pendant environ 30 minutes. Laisser refroidir la crème et la démouler sur une assiette pour servir.

100. Salade d'asperges frisées

Ingrédients
- 750 g d'asperges blanches (ou 500 g déjà pelées)
- Le sel
- 1 cuillère à café de miel
- 30 g de graines de citrouille épluchées (2 cuillères à soupe)
- 2 tranches de pain de grains entiers
- 1 échalote
- 1 salade frisée (env. 250 g, ou pissenlit)
- 4 cuillères à soupe de vinaigre de vin blanc
- poivre
- ½ cuillère à café de moutarde (moyennement piquante)
- 3 cuillères à soupe d'huile de graines de citrouille

- 40 g de fines tranches de bacon du sud du Tyrol (ou bacon ; 4 fines tranches de bacon du sud du Tyrol)

Étapes de préparation

1. Lavez les asperges et épluchez-les soigneusement avec un économe. Coupez généreusement les extrémités ligneuses. Porter à ébullition de l'eau salée avec du miel dans une grande casserole. Ajouter les asperges à l'eau bouillante et cuire pendant 10 à 13 minutes jusqu'à ce qu'elles soient al dente.
2. Pendant ce temps, hachez grossièrement les graines de citrouille.
3. Couper la croûte du pain, couper le pain en petits morceaux. Eplucher et hacher l'échalote.
4. Nettoyer la frisée, laver, essorer et couper en bouchées.
5. Retirez 4 cuillères à soupe de bouillon d'asperges et placez-les dans un bol. Ajouter le vinaigre, le sel, le poivre, la moutarde et l'huile de pépins de courge. Fouettez la crème au fouet. Incorporer les cubes d'échalote.

6. Faites chauffer une poêle. Faites frire les tranches de bacon des deux côtés jusqu'à ce qu'elles soient très croustillantes.
7. Retirer et égoutter sur du papier absorbant.
8. Mettez les cubes de pain dans la poêle et faites-les frire dans la graisse de bacon jusqu'à ce qu'ils soient croustillants.
9. Sortez les asperges du bouillon et égouttez-les. Disposer la salade frisée dans des assiettes, arroser de sauce, ajouter les graines de courge et les cubes de pain. Garnir avec 1 tranche de bacon chacun et servir.

CONCLUSION

Le régime carnivore est un régime très restrictif et donc pas facile à suivre, surtout à long terme. Il n'y a encore aucune étude scientifique qui puisse prouver ses bienfaits, bien qu'il existe de nombreux témoignages concernant son efficacité. Définitivement un régime à étudier, surtout compte tenu des bénéfices dans le cas de la maladie de Crohn et du diabète, et donc un traitement possible pour certaines pathologies. Après tout, même le régime cétonégique sœur a été initialement (et encore aujourd'hui, malgré de nombreuses recherches) très critiqué. Être ouvert à tout, expérimenter et enfin faire le point est la meilleure façon d'apprendre. Sans échecs il n'y a pas de réussites

www.ingramcontent.com/pod-product-compliance
Lightning Source LLC
Chambersburg PA
CBHW070100120526
44589CB00033B/797